50패턴으로 여행하는 랜드마크 스페인어회화

50패턴으로 여행하는
랜드마크 스페인어회화

초판 1쇄 인쇄 2020년 2월 23일
초판 1쇄 발행 2020년 3월 3일

지은이 루시아 김
발행인 임충배
홍보/마케팅 양경자
편집 김민수
디자인 여수빈, 정은진
펴낸곳 도서출판 삼육오 (PUB.365)
제작 (주)피앤엠123

출판신고 2014년 4월 3일
등록번호 제406-2014-000035호

경기도 파주시 산남로 183-25
TEL 031-946-3196 / FAX 031-946-3171
홈페이지 www.pub365.co.kr

ISBN 979-11-90101-21-9 13770

이 도서의 국립중앙도서관 출판예정도서목록(CIP)은 서지정보유통지원시스템 홈페이지(http://seoji.nl.go.kr)와 국가자료공동목록시스템(http://www.nl.go.kr/kolisnet)에서 이용하실 수 있습니다. (CIP제어번호: CIP2019046763)

50패턴으로 여행하는 랜드마크 스페인어회화

루시아 김 지음

Pub.365

GALICIA
Oviedo
Bilbao
PYRENNEES
Zaragoza
ARAGON
CATALONIA
Barcelona
Tarragona
Salamanca
Madrid
EXTREMADURA
Valencia
Cordoba
Granada
ANDALUSIA

SPAIN

머리말

스페인을 여행하는 기분으로
즐겁게 배우는 스페인어 회화!

여러분은 '스페인'하면 어떤 이미지나 단어가 떠오르시나요? ^^
'정열의 태양', '시에스타', '투우', '플라멩고', '토마토 축제', '피카소', '돈키호테', '하몽'...
아마도 많은 분들이 '스페인'을 색깔로 표현한다면 '빨강'을 손꼽으실 거라 생각해요.
정말 스페인은 '빨강'을 빼놓을 수 없는 나라임이 분명하지만,
'빨강'만으로 표현되기엔 너무 많은 매력이 살아 숨 쉬는 국가랍니다.
'파랑'의 지중해, '황금빛'의 대성당, '초록빛' 공원들, 길가의 '오렌지' 나무들,
'하얀' 벽의 미술관과 박물관들, '자줏빛' 와인 칵테일 상그리아,
산티아고 순례길의 '노란' 조개껍질, 먹물 빠에야의 '검은색'...
이토록 형형색색의 모습을 가졌기에 언젠가 꼭 한 번은 가고 싶은 국가인 스페인.
여러분들의 그날의 꿈이 이루어지길 응원하는 마음으로 이 책을 집필하였답니다. ^^
이 책은 여러분들께서 스페인어를 다채롭게 공부하시도록 구성되어 있어요.
스페인의 랜드마크 50곳을 알아가시면서 50개의 표현을 익히는 시간은
여러분의 일상 속에서 미리 스페인을 여행하는 유익하고 즐거운 시간이 될 거예요.
더불어, 스페인어가 무려 전 세계 21개국에서 공식어로 사용되고 있기에
앞으로 세계 어디를 여행하더라도 스페인어를 사용하는 사람들을 만나,
스페인어를 말하게 될 확률이 아주 높다는 사실!
즉, 이 책을 만난 이 순간부터 여러분들의 세계는 이미 넓어지고 있습니다.
저, 루시아 김이 여러분들의 스페인어를 응원합니다!

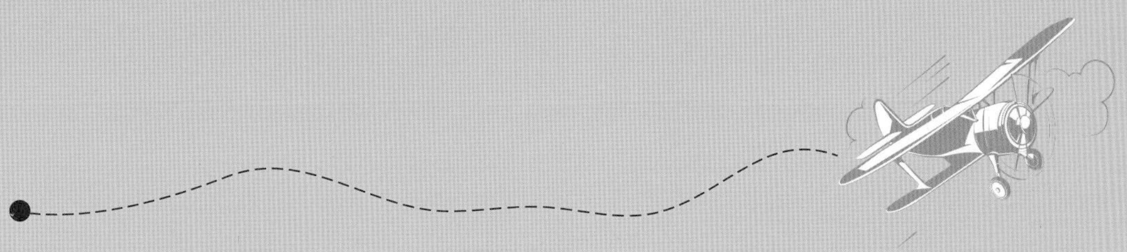

목차

50패턴으로 여행하는 랜드마크 스페인어회화

여행 코스
어디부터 가는 게 좋을까?
한눈에 보이는 스페인 여행 추천 루트를 따라서 머물고 싶은 만큼 자유롭게 여행해 보세요. 산티아고부터 발렌시아까지 스페인 전역은 물론, 북부 지역 혹은 남부 지역을 위주로 둘러보고 효율적인 여행 계획을 세울 수 있어요.

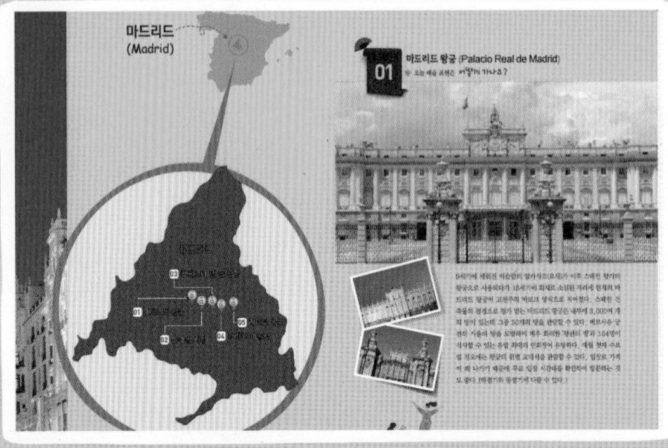

랜드마크 위치 표시
스페인 지도 위에 랜드마크의 위치를 표시하여 한눈에 볼 수 있도록 만들었어요.

랜드마크 정보와 유래
언어를 배울 때 그 나라에 대해서도 알아두면 학습에 많은 도움이 됩니다.
각 랜드마크들의 역사와 문화, 배경을 함께 담았습니다. 특색 있는 랜드마크의 고유한 매력을 느껴보세요.

MP3 다운로드 방법
www.pub365.co.kr 홈페이지 접속 ≫ 도서 자료실 ≫ 50패턴으로 여행하는 랜드마크 스페인어 회화 클릭

QR코드로 미리보기 대화문을 듣고 기억하기(패턴)의 동영상 보는 방법
스마트폰에 QR코드 어플을 다운로드하신 후, 어플을 실행시키면 사진 촬영 화면이 나와요.
QR코드를 화면에 맞춘 후 찰칵~ 찍어보세요!

미리 만나보고 들어 보고 말해 보아요

여행할 때 자주 쓰는 대표적인 표현들을 모았습니다. 이 표현들을 미리 본 후 원어민 음성으로도 만나보세요. 눈으로 익히고, 원어민 음성을 통해 귀로 듣고 직접 말해본다면 학습효과는 배가 됩니다.

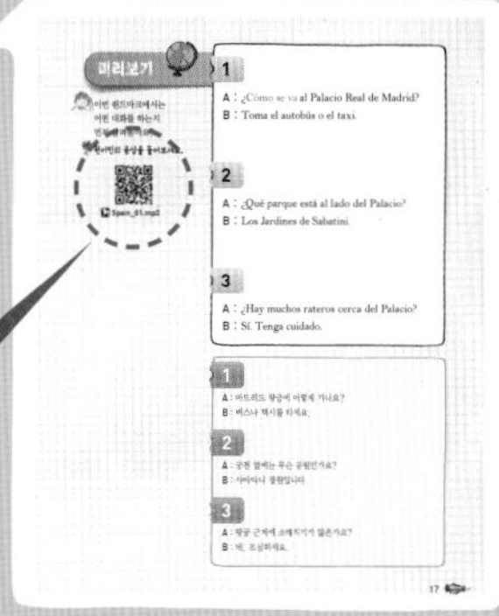

QR코드가 보인다면 스마트폰으로 찍어보세요! 각 챕터에서 배울 문장과 패턴을 원어민 음성으로 들을 수 있어요.

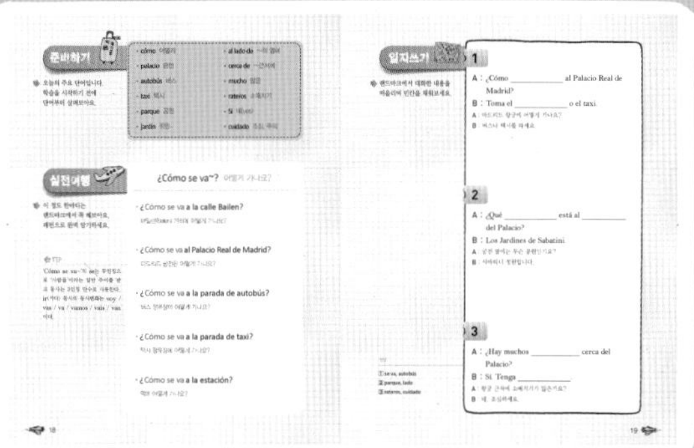

대화문에 삽입된 단어도 보고 패턴도 익히고!

미리 만나본 표현들을 제대로 배워볼까요? 대화문 중에서 핵심 표현을 골라 집중적으로 학습할 수 있도록 구성했습니다. 오늘 배울 주요 단어 정리부터 랜드마크에서 활용할 패턴 표현, 그리고 대화내용의 빈칸 채우기까지. 복습까지 완벽하게 해요!

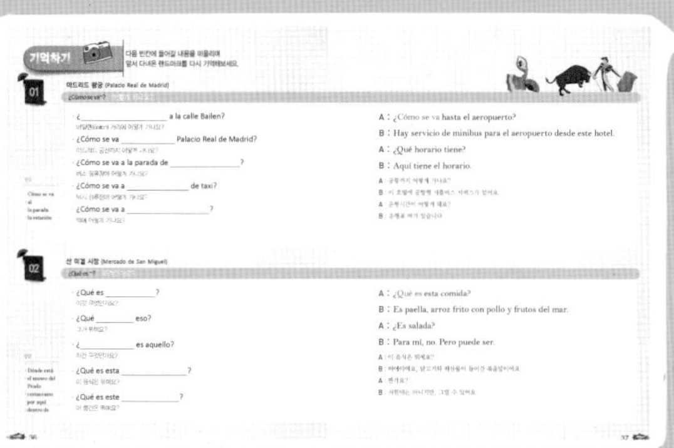

기억하고 또 기억하기

힘들게 공부한 걸 잊어버릴 순 없겠죠? 실전 여행에 등장한 문장을 한 번 더 복습하는 시간입니다. 각 챕터의 주요 패턴을 보고 빈칸을 채워넣으세요. 핵심 패턴을 활용하여 실생활에서 쓸 수 있는 생생한 대화문으로 구성했습니다.

머물고 싶은 시간은 자유! 스페인 여행 추천 루트

(마드리드 IN – 바르셀로나 OUT 기준, 바르셀로나 OUT일 경우, 반대 순서로 여행 추천)

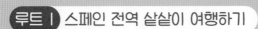

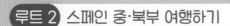

- 루트 1 스페인 전역 샅샅이 여행하기
- 루트 2 스페인 중·북부 여행하기
- 루트 3 스페인 중·남부 여행하기

스페인 전역 샅샅이 여행하기

루트 I

마드리드

똘레도

팜플로나

산세바스티안

오비에도

산티아고 데 꼼보스텔라

살라망카

세비야

말라가

꼬르도바

그라나다

발렌시아

마요르까

바르셀로나

50패턴으로 여행하는
여행 코스
랜드마크 스페인어회화

스페인 중·북부 여행하기

루트 2

마드리드

똘레도

살라망카

산티아고

오비에도

산세바스티안

팜플로나

바르셀로나

스페인 중·남부 여행하기

루트 3

마드리드

똘레도

세비야

말라가

꼬르도바

그라나다

발렌시아

마요르까

바르셀로나

랜드마크 스페인어 여행
마드리드

마드리드
(Madrid)
마드리드
03 푸에르타 델 솔 광장
01 마드리드 왕궁
05 레티로 공원
02 산미겔 시장
04 프라도 미술관

01 마드리드 왕궁 (Palacio Real de Madrid)

오늘 배울 표현은 **어떻게 가나요?**

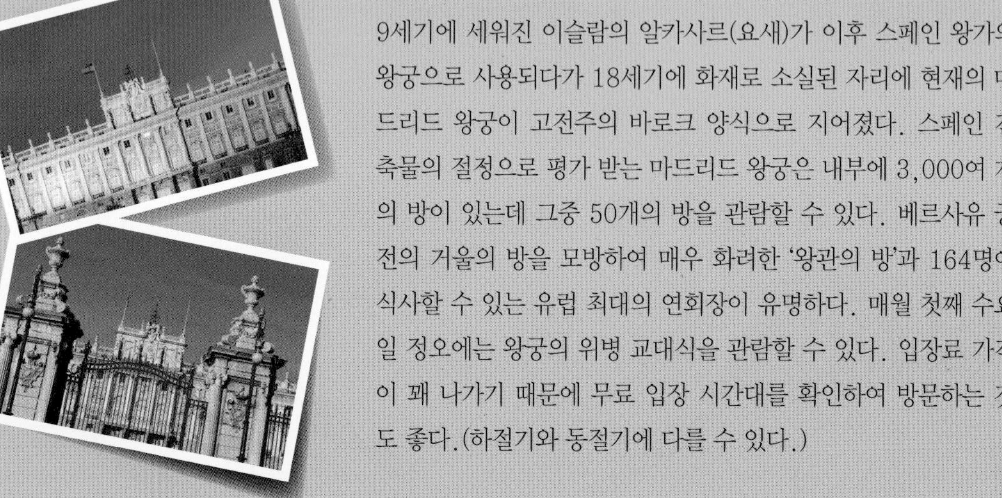

9세기에 세워진 이슬람의 알카사르(요새)가 이후 스페인 왕가의 왕궁으로 사용되다가 18세기에 화재로 소실된 자리에 현재의 마드리드 왕궁이 고전주의 바로크 양식으로 지어졌다. 스페인 건축물의 절정으로 평가 받는 마드리드 왕궁은 내부에 3,000여 개의 방이 있는데 그중 50개의 방을 관람할 수 있다. 베르사유 궁전의 거울의 방을 모방하여 매우 화려한 '왕관의 방'과 164명이 식사할 수 있는 유럽 최대의 연회장이 유명하다. 매월 첫째 수요일 정오에는 왕궁의 위병 교대식을 관람할 수 있다. 입장료 가격이 꽤 나가기 때문에 무료 입장 시간대를 확인하여 방문하는 것도 좋다.(하절기와 동절기에 다를 수 있다.)

미리보기

이번 랜드마크에서는
어떤 대화를 하는지
먼저 살펴볼까요?

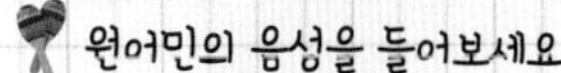

Spain_01.mp3

1

A : ¿Cómo se va al Palacio Real de Madrid?

B : Toma el autobús o el taxi.

2

A : ¿Qué parque está al lado del Palacio?

B : Los Jardines de Sabatini.

3

A : ¿Hay muchos rateros cerca del Palacio?

B : Sí. Tenga cuidado.

1

A : 마드리드 왕궁에 어떻게 가나요?

B : 버스나 택시를 타세요.

2

A : 궁전 옆에는 무슨 공원인가요?

B : 사바티니 정원입니다.

3

A : 왕궁 근처에 소매치기가 많은가요?

B : 네. 조심하세요.

준비하기

오늘의 주요 단어입니다.
학습을 시작하기 전에
단어부터 살펴보아요.

- cómo 어떻게
- palacio 궁전
- autobús 버스
- taxi 택시
- parque 공원
- jardín 정원
- al lado de ~의 옆에
- cerca de ~근처에
- mucho 많은
- rateros 소매치기
- Sí 네(yes)
- cuidado 조심, 주의

실전여행

이 정도 한마디는
랜드마크에서 꼭 해보아요.
패턴으로 완벽 암기하세요.

¿Cómo se va~? 어떻게 가나요?

- ¿Cómo se va **a la calle Bailen?**
  바일렌(Bailen) 거리에 어떻게 가나요?
- ¿Cómo se va **al Palacio Real de Madrid?**
  마드리드 궁전은 어떻게 가나요?
- ¿Cómo se va **a la parada de autobús?**
  버스 정류장에 어떻게 가나요?
- ¿Cómo se va **a la parada de taxi?**
  택시 정류장에 어떻게 가나요?
- ¿Cómo se va **a la estación?**
  역에 어떻게 가나요?

TIP

'Cómo se va~'의 se는 무인칭으로 '사람들'이라는 일반 주어를 받고 동사는 3인칭 단수로 사용한다. ir(가다) 동사의 동사변화는 voy / vas / va / vamos / vais / van이다.

일지쓰기

랜드마크에서 대화한 내용을
떠올리며 빈칸을 채워보세요.

1

A : ¿Cómo _____________ al Palacio Real de Madrid?

B : Toma el _____________ o el taxi.

A : 마드리드 왕궁에 어떻게 가나요?

B : 버스나 택시를 타세요.

2

A : ¿Qué _____________ está al _____________ del Palacio?

B : Los Jardines de Sabatini.

A : 궁전 옆에는 무슨 공원인가요?

B : 사바티니 정원입니다.

3

A : ¿Hay muchos _____________ cerca del Palacio?

B : Sí. Tenga _____________.

A : 왕궁 근처에 소매치기가 많은가요?

B : 네. 조심하세요.

정답

1 se va, autobús

2 parque, lado

3 rateros, cuidado

02

산 미겔 시장 (Mercado de San Miguel)

오늘 배울 표현은 **무엇인가요?**

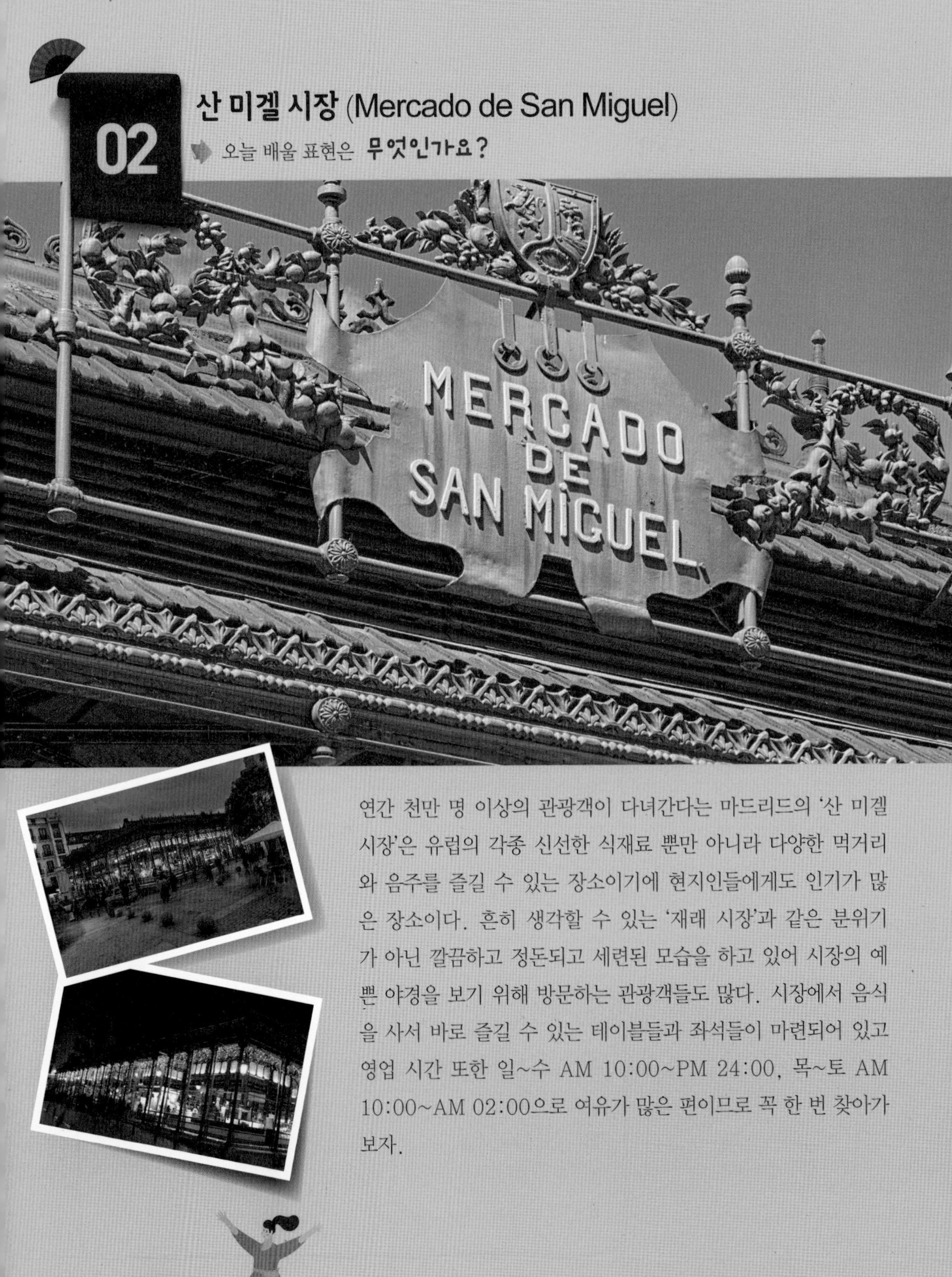

연간 천만 명 이상의 관광객이 다녀간다는 마드리드의 '산 미겔 시장'은 유럽의 각종 신선한 식재료 뿐만 아니라 다양한 먹거리와 음주를 즐길 수 있는 장소이기에 현지인들에게도 인기가 많은 장소이다. 흔히 생각할 수 있는 '재래 시장'과 같은 분위기가 아닌 깔끔하고 정돈되고 세련된 모습을 하고 있어 시장의 예쁜 야경을 보기 위해 방문하는 관광객들도 많다. 시장에서 음식을 사서 바로 즐길 수 있는 테이블들과 좌석들이 마련되어 있고 영업 시간 또한 일~수 AM 10:00~PM 24:00, 목~토 AM 10:00~AM 02:00으로 여유가 많은 편이므로 꼭 한 번 찾아가 보자.

미리보기

이번 랜드마크에서는 어떤 대화를 하는지 먼저 살펴볼까요?

원어민의 음성을 들어보세요.

Spain_02.mp3

1

A : ¿El mercado de San Miguel abre toda la semana?

B : Sí. Desde el jueves y hasta el sábado abre hasta más tarde.

2

A : ¿Qué es esto?

B : Es jamón, pata trasera de cerdo. Es crudo y salado.

3

A : ¿Esto está rico?

B : Sí. Es muy popular.

1

A : 산 미겔 시장은 일주일 내내 열리나요?

B : 네. 목요일부터 토요일은 더 늦게까지 열어요.

2

A : 이게 뭐예요?

B : 하몽이에요. 돼지 뒷다리예요. 날 것이고 짜요.

3

A : 이거 맛있어요?

B : 네. 아주 인기가 많아요.

준비하기

오늘의 주요 단어입니다.
학습을 시작하기 전에
단어부터 살펴보아요.

- mercado 시장
- semana 주, 일주일
- qué 무엇(what)
- esto 이것
- cerdo 돼지
- salado 짠
- rico 맛있는
- popular 인기 있는
- eso 그것
- aquello 저것
- comida 음식
- objeto 물건

실전여행

이 정도 한마디는
랜드마크에서 꼭 해보아요.
패턴으로 완벽 암기하세요.

¿Qué es ~? 무엇인가요?

- ¿Qué es esto?
  이것 무엇인가요?
- ¿Qué es eso?
  그거 뭐예요?
- ¿Qué es aquello?
  저건 무엇인가요?
- ¿Qué es esta comida?
  이 음식은 뭐예요?
- ¿Qué es este objeto?
  이 물건은 뭐예요?

TIP

'Qué es ~' 에서의 es는 be 동사와 같은 의미의 ser 동사로 soy / eres / es / somos / sois / son 으로 동사변화를 한다.

일지쓰기

랜드마크에서 대화한 내용을 떠올리며 빈칸을 채워보세요.

1

A : ¿El ________________ de San Miguel abre toda la ________________?

B : Sí. Desde el martes y hasta el sábado abre hasta más tarde.

A : 산 미겔 시장은 일주일 내내 열리나요?

B : 네. 목요일부터 토요일은 더 늦게까지 열어요.

2

A : ¿________________________ esto?

B : Es jamón, pata trasera de cerdo. Es crudo y ________________.

A : 이게 뭐예요?

B : 하몽이에요. 돼지 뒷다리예요. 날 것이고 짜요.

3

A : ¿______________ está rico?

B : Sí. Es muy ________________.

A : 이거 맛있어요?

B : 네. 아주 인기가 많아요.

정답

1 mercado, semana

2 Qué es, salado

3 Esto, popular

03

푸에르타 델 솔 광장 (Puerta del Sol)

오늘 배울 표현은 **어디에 ~가 있나요?**

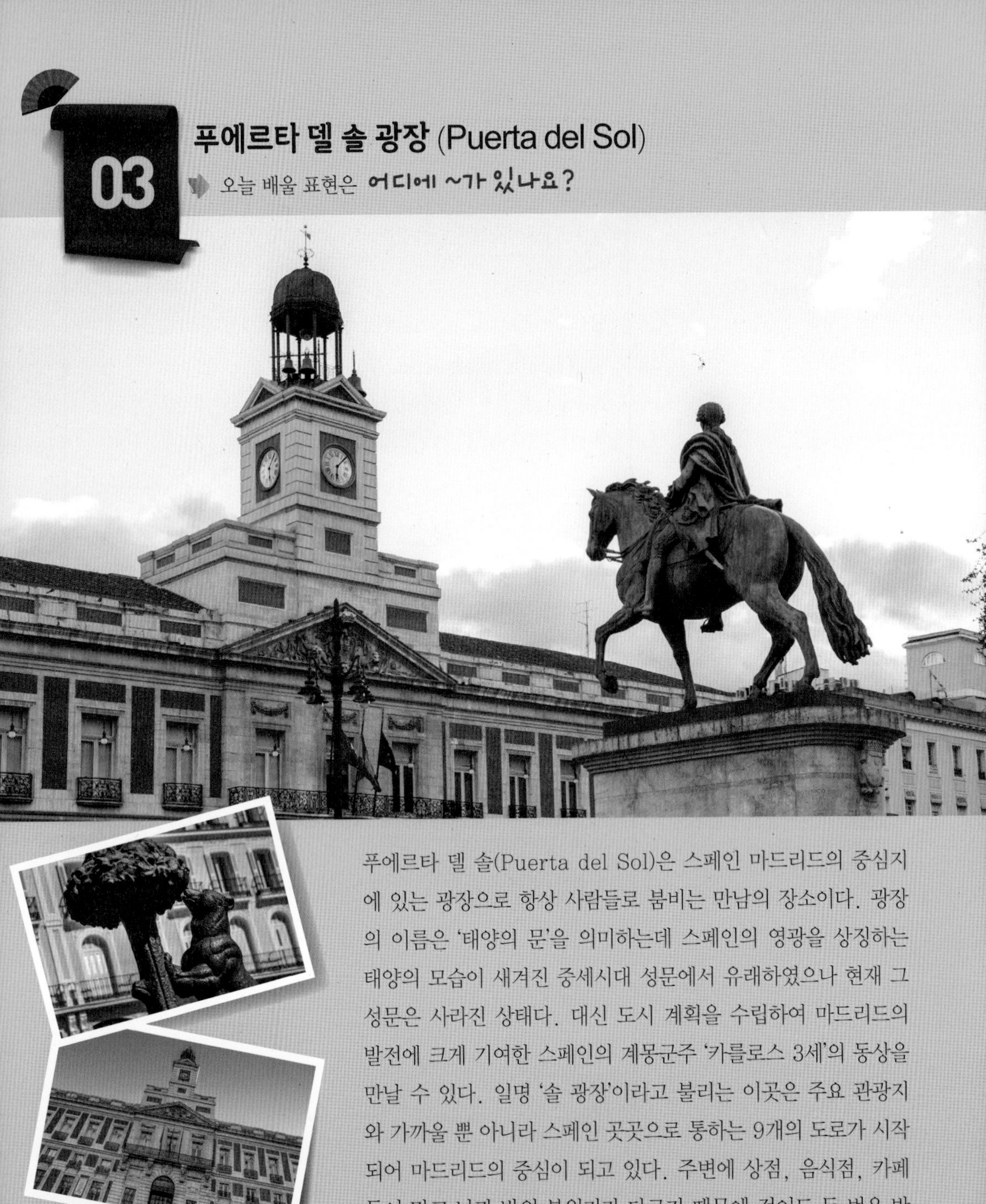

푸에르타 델 솔(Puerta del Sol)은 스페인 마드리드의 중심지에 있는 광장으로 항상 사람들로 붐비는 만남의 장소이다. 광장의 이름은 '태양의 문'을 의미하는데 스페인의 영광을 상징하는 태양의 모습이 새겨진 중세시대 성문에서 유래하였으나 현재 그 성문은 사라진 상태다. 대신 도시 계획을 수립하여 마드리드의 발전에 크게 기여한 스페인의 계몽군주 '카를로스 3세'의 동상을 만날 수 있다. 일명 '솔 광장'이라고 불리는 이곳은 주요 관광지와 가까울 뿐 아니라 스페인 곳곳으로 통하는 9개의 도로가 시작되어 마드리드의 중심이 되고 있다. 주변에 상점, 음식점, 카페 등이 많고 낮과 밤의 분위기가 다르기 때문에 적어도 두 번은 방문하길 권한다.

미리보기

이번 랜드마크에서는
어떤 대화를 하는지
먼저 살펴볼까요?

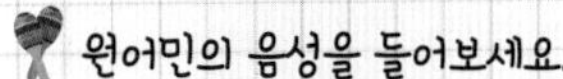

Spain_03.mp3

1

A : ¿Dónde está la Puerta del Sol?

B : Siga todo recto.

2

A : ¿Qué hay cerca de la Puerta del Sol?

B : Están el Palacio Real y el Museo del Prado.

3

A : ¿Hay mucha gente en la Puerta del Sol?

B : Sí. Siempre hay mucha gente.

1

A : 어디에 솔 광장이 있나요?

B : 계속 직진하세요.

2

A : 솔 광장 주변에 무엇이 있나요?

B : 마드리드 왕궁과 프라도 미술관이 있습니다.

3

A : 솔 광장에 사람이 많이 있나요?

B : 네. 항상 사람이 많이 있어요.

준비하기

오늘의 주요 단어입니다.
학습을 시작하기 전에
단어부터 살펴보아요.

- plaza 광장
- sol 태양
- museo 미술관
- oso 곰
- restaurante 레스토랑
- cerca de ~근처에
- puerta 문
- palacio 궁전
- estatua 동상
- aquí 여기
- cafetería 카페
- ayuntamiento 시청

실전여행

이 정도 한마디는
랜드마크에서 꼭 해보아요.
패턴으로 완벽 암기하세요.

¿Dónde está ~? 어디에 ~가 있나요?

- ¿Dónde está la estatua del oso en la Puerta del Sol?
  솔 광장에 곰 동상이 어디에 있어요?
- ¿Dónde está el museo del Prado desde aquí?
  여기서부터 프라도 미술관은 어디에 있나요?
- ¿Dónde está el restaurante Botín cerca de aquí?
  이 근처에 '보틴' 레스토랑이 어디에 있나요?
- ¿Dónde están las cafeterías populares por aquí?
  그 인기 있는 카페들이 어디에 있나요?
- ¿Dónde está la estación Atocha cerca de la Puerta del Sol?
  솔 광장 근처에 아토차 역은 어디에 있나요?

TIP

dónde는 '어디(where)'라는 의문사이고 estar 동사는 '있다'라는 뜻을 가지는 be동사이다.
estar 동사는 estoy / estás / está / estamos / estáis / están으로 동사변화를 한다.

일지쓰기

랜드마크에서 대화한 내용을 떠올리며 빈칸을 채워보세요.

1

A : ¿__________ está la Puerta del Sol?

B : Siga todo recto.

A : 어디에 솔 광장이 있나요?

B : 계속 직진하세요.

2

A : ¿Qué hay______ la Puerta del Sol?

B : Están el ______ Real y el ______ del Prado.

A : 솔 광장 주변에 무엇이 있나요?

B : 마드리드 왕궁과 프라도 미술관이 있습니다.

3

A : ¿__________ mucha gente en la Puerta del Sol?

B : Sí. ______________ hay mucha gente.

A : 솔 광장에 사람이 많이 있나요?

B : 네. 항상 사람이 많이 있어요.

정답

1 Dónde

2 cerca de, Palacio, Museo

3 Hay, Siempre

04

프라도 미술관 (Museo de Prado)

오늘 배울 표현은 **무엇이 있나요?**

파리의 루브르 박물관, 상트페테르부르크의 에르미타주 미술관과 함께 세계 3대 미술관으로 꼽히는 프라도 미술관은 1785년 까를로스 3세에 의해 건설되기 시작하여 자연과학 박물관으로 사용될 예정이었으나 페르난도 7세에 의해 스페인 왕가의 미술품을 소장하는 미술관이 되었다. 스페인 3대 거장인 프란시스코 고야, 디에고 벨라스케스, 엘 그레코의 작품뿐만 아니라 세계적 거장들의 회화, 조각 등의 작품이 8,000점 넘게 소장되어 있으므로 여유를 가지고 관람하는 것이 좋다. 한국어 오디오 가이드가 있지만 몇몇 대표 작품만 소개하고 있으니 영어 버전의 오디오 가이드를 추천한다. 여행 전 서적 등을 통해 작품들 관련 지식을 쌓고 온다면 더욱 좋을 것이다.

미리보기

이번 랜드마크에서는 어떤 대화를 하는지 먼저 살펴볼까요?

원어민의 음성을 들어보세요.

Spain_04.mp3

1

A : ¿Qué obras hay en el museo del Prado?

B : Hay obras de Goya, Velázquez y El Greco.

2

A : ¿Cuál obra es la más famosa?

B : Es "Las meninas" de Diego Velázquez.

3

A : ¿Qué horarios tiene el museo?

B : Desde las diez y hasta las ocho.

1

A : 프라도 박물관에 무엇이 있나요?

B : 고야, 벨라스케스, 엘 그레코의 작품들이 있어요.

2

A : 어떤 작품이 가장 유명해요?

B : 디에고 벨라스케스의 "시녀들"이에요.

3

A : 박물관 운영시간은 어떻게 되나요?

B : 10시부터 8시까지입니다.

준비하기

오늘의 주요 단어입니다.
학습을 시작하기 전에
단어부터 살펴보아요.

- hay 있다
- obra 작품
- qué 무엇(what)
- cuál 어느 것(which)
- famoso 유명한
- horario 운영시간, 시간표
- desde ~부터
- hasta ~까지
- edificio 건물
- bolso 가방
- dentro de ~안에
- fuera de ~밖에

실전여행

이 정도 한마디는
랜드마크에서 꼭 해보아요.
패턴으로 완벽 암기하세요.

TIP

hay 동사는 영어의 there is/are 표현에 쓰이는 '있다'라는 뜻의 동사이며, 동사변화를 하지 않는다.

¿Qué hay ~? 무엇이 있나요?

- ¿Qué hay en Madrid?
  마드리드에는 무엇이 있나요?
- ¿Qué hay aquí?
  여기에 무엇이 있나요?
- ¿Qué hay en este edificio?
  이 건물 안에 무엇이 있나요?
- ¿Qué hay dentro de su bolso?
  당신의 가방 안에 무엇이 있나요?
- ¿Qué hay fuera del edificio?
  건물 밖에는 무엇이 있나요?

일지쓰기

랜드마크에서 대화한 내용을
떠올리며 빈칸을 채워보세요.

1

A : ¿Qué obras __________ en el museo del Prado?

B : Hay __________ de Goya, Velázquez y El Greco.

A : 프라도 박물관에 무엇이 있나요?

B : 고야, 벨라스케스, 엘 그레코의 작품들이 있어요.

2

A : ¿Cuál obra es la más ____________?

B : Es "Las meninas" de Diego Velázquez.

A : 어떤 작품이 가장 유명해요?

B : 디에고 벨라스케스의 "시녀들"이에요.

3

A : ¿Qué ____________ tiene el museo?

B : ____________ las diez y ____________ las ocho.

A : 박물관 운영시간은 어떻게 되나요?

B : 10시부터 8시까지입니다.

정답

1 hay, obras

2 famosa

3 horarios, Desde, hasta

기억하기

다음 빈칸에 들어갈 내용을 떠올리며
앞서 다녀온 랜드마크를 다시 기억해보세요.

01 마드리드 왕궁 (Palacio Real de Madrid)

¿Cómo se va~? 어떻게 가나요?

- ¿________________ a la calle Bailen?
  바일렌(Bailen) 거리에 어떻게 가나요?
- ¿Cómo se va __________ Palacio Real de Madrid?
  마드리드 궁전까지 어떻게 가나요?
- ¿Cómo se va a la parada de _____________?
  버스 정류장에 어떻게 가나요?
- ¿Cómo se va a ____________ de taxi?
  택시 정류장에 어떻게 가나요?
- ¿Cómo se va a _______________?
  역에 어떻게 가나요?

정답

- Cómo se va
- al
- la parada
- la estación

02 산 미겔 시장 (Mercado de San Miguel)

¿Qué es ~? 무엇인가요?

- ¿Qué es _________?
  이것 무엇인가요?
- ¿Qué ______ eso?
  그거 뭐예요?
- ¿__________ es aquello?
  저건 무엇인가요?
- ¿Qué es esta ____________?
  이 음식은 뭐예요?
- ¿Qué es este ___________?
  이 물건은 뭐예요?

정답

- Dónde está
- el museo del Prado
- restaurante
- por aquí
- dentro de

A : ¿Cómo se va hasta el aeropuerto?

B : Hay servicio de minibus para el aeropuerto desde este hotel.

A : ¿Qué horario tiene?

B : Aquí tiene el horario.

A : 공항까지 어떻게 가나요?

B : 이 호텔에 공항행 셔틀버스 서비스가 있어요.

A : 운행시간이 어떻게 돼요?

B : 운행표 여기 있습니다.

A : ¿Qué es esta comida?

B : Es paella, arroz frito con pollo y frutos del mar.

A : ¿Es salada?

B : Para mí, no. Pero puede ser.

A : 이 음식은 뭐예요?

B : 빠에야예요. 닭고기와 해산물이 들어간 볶음밥이에요.

A : 짠가요?

B : 저한테는 아니지만, 그럴 수 있어요.

기억하기

다음 빈칸에 들어갈 내용을 떠올리며
앞서 다녀온 랜드마크를 다시 기억해보세요.

03

푸에르타 델 솔 광장 (Puerta del Sol)

¿Dónde está ~? 어디에 ~가 있나요?

- ¿__________ __________ la estatua del oso en la Puerta del Sol? 솔 광장에 곰 동상이 어디에 있어요?
- ¿Dónde está __________________ desde aquí?
  여기서부터 프라도 미술관은 어디에 있나요?
- ¿Dónde está el ______________ Botín cerca de aquí?
  이 근처에 '보틴' 레스토랑이 어디에 있나요?
- ¿Dónde están las cafeterías _____________ por aquí?
  그 인기 있는 카페들이 어디에 있나요?
- ¿Dónde está la estación Atocha _______ la Puerta del Sol?
  솔 광장 내에 마드리드 시청이 어디에 있나요?

정답

- Dónde está
- el Museo del Prado
- restaurante
- populares
- cerca de

04

프라도 미술관 (Museo de Prado)

¿Qué hay ~? 무엇이 있나요?

- ¿_____________ en Madrid?
  마드리드에는 무엇이 있나요?
- ¿Qué hay _______?
  여기에 무엇이 있나요?
- ¿Qué hay en este __________?
  이 건물 안에 무엇이 있나요?
- ¿Qué hay ______________ su bolso?
  당신의 가방 안에 무엇이 있나요?
- ¿Qué hay ____________ edificio?
  건물 밖에는 무엇이 있나요?

정답

- Qué hay
- aquí
- edificio
- dentro de
- fuera del

A : ¿Dónde está su alojamiento?

B : Está en la calle del Carmen.

A : ¿Está cerca de la Puerta del Sol?

B : Sí. Está muy cerca.

A : 숙소는 어디에 있어요?

B : 까르멘 거리에 있어요.

A : 솔 광장과 가까운가요?

B : 네. 아주 가까워요.

A : ¿Qué hay en Madrid?

B : El Museo Reina Sofía, la Plaza Mayor, el Mercado de San Miguel, etcétera.

A : ¿Cuál es su lugar favorito en Madrid?

B : El Parque del Retiro.

A : 마드리드에는 무엇이 있나요?

B : 레이나 소피아 미술관, 마요르 광장, 산미겔 시장 등등이 있어요.

A : 마드리드에서 당신이 가장 좋아하는 장소는 어디인가요?

B : 레티로 공원이에요.

05 레티로 공원 (Parque del Retiro)

오늘 배울 표현은 **얼마나 걸려요?**

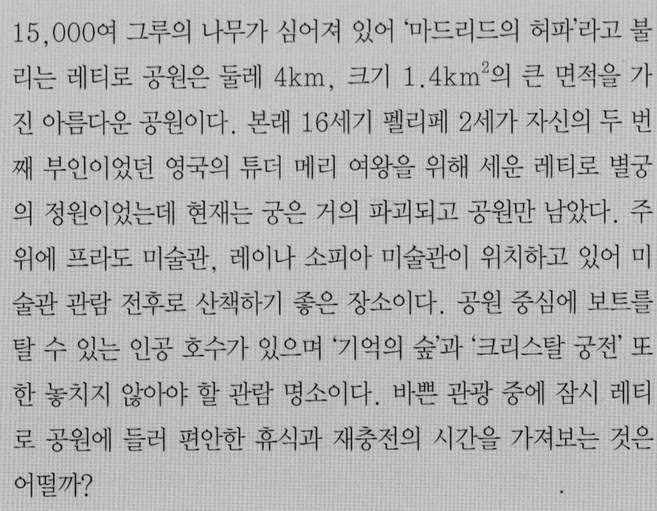

15,000여 그루의 나무가 심어져 있어 '마드리드의 허파'라고 불리는 레티로 공원은 둘레 4km, 크기 1.4km^{2}의 큰 면적을 가진 아름다운 공원이다. 본래 16세기 펠리페 2세가 자신의 두 번째 부인이었던 영국의 튜더 메리 여왕을 위해 세운 레티로 별궁의 정원이었는데 현재는 궁은 거의 파괴되고 공원만 남았다. 주위에 프라도 미술관, 레이나 소피아 미술관이 위치하고 있어 미술관 관람 전후로 산책하기 좋은 장소이다. 공원 중심에 보트를 탈 수 있는 인공 호수가 있으며 '기억의 숲'과 '크리스탈 궁전' 또한 놓치지 않아야 할 관람 명소이다. 바쁜 관광 중에 잠시 레티로 공원에 들러 편안한 휴식과 재충전의 시간을 가져보는 것은 어떨까?

미리보기

이번 랜드마크에서는
어떤 대화를 하는지
먼저 살펴볼까요?

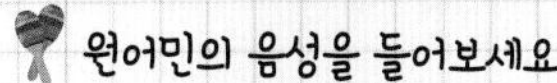

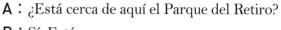

Spain_05.mp3

1

A : ¿Está cerca de aquí el Parque del Retiro?
B : Sí. Está cerca.

2

A : ¿Cuánto tiempo se tarda a pie?
B : Más o menos, diez minutos.

3

A : ¿Es hermoso el parque?
B : Claro que sí.

1

A : 이 근처에 레티로 공원이 있나요?
B : 네. 가까이에 있어요.

2

A : 걸어서 얼마나 걸리나요?
B : 대략, 10분이요.

3

A : 공원이 아름다운가요?
B : 당연하죠.

준비하기

오늘의 주요 단어입니다.
학습을 시작하기 전에
단어부터 살펴보아요.

- parque 공원
- aquí 여기
- cerca 가까운
- cerca de ~근처에
- cuánto 얼마나(how many/much)
- tiempo 시간, (날씨)
- tarda 걸리다(원형 : Tardar)
- a pie 걸어서
- Más o menos 대략
- minuto 분
- hermoso 아름다운
- claro 당연한

실전여행

이 정도 한마디는
랜드마크에서 꼭 해보아요.
패턴으로 완벽 암기하세요.

¿Cuánto tiempo se tarda~? 얼마나 걸려요?

- ¿Cuánto tiempo se tarda **en llegar al parque?**
  공원에 도착하는 데 얼마나 걸려요?
- ¿Cuánto tiempo se tarda **en autobús?**
  버스로 얼마나 걸려요?
- ¿Cuánto tiempo se tarda **en taxi?**
  택시로 얼마나 걸려요?
- ¿Cuánto tiempo se tarda **desde aquí?**
  여기서부터 얼마나 걸려요?
- ¿Cuánto tiempo se tarda **hasta allí?**
  거기까지 얼마나 걸려요?

TIP

'Cuánto tiempo tarda~' 표현은 en 전치사와 함께 '~하는 데' 시간이 얼마나 걸리는지 묻는 표현으로 사용 가능하다.

일지쓰기

랜드마크에서 대화한 내용을 떠올리며 빈칸을 채워보세요.

1

A : ¿Está ________________ el Parque del Retiro?

B : Sí. Está cerca.

A : 이 근처에 레티로 공원이 있나요?

B : 네. 가까이에 있어요.

2

A : ¿________________ tarda a pie?

B : Más o menos, diez minutos.

A : 걸어서 얼마나 걸리나요?

B : 대략, 10분이요.

3

A : ¿Es ________________ el parque?

B : ________________que sí.

A : 공원이 아름다운가요?

B : 당연하죠.

정답

1 cerca de aquí

2 Cuánto tiempo se

3 hermoso, Claro

랜드마크 스페인어 여행
마드리드 근교 도시

마드리드 근교 도시

11 살라망카 대성당
12 마요르 광장
세고비아
10 로마노 다리
08 로마 대수교
09 알카사르 성
똘레도
06 똘레도 대성당
07 미라도르 전망대

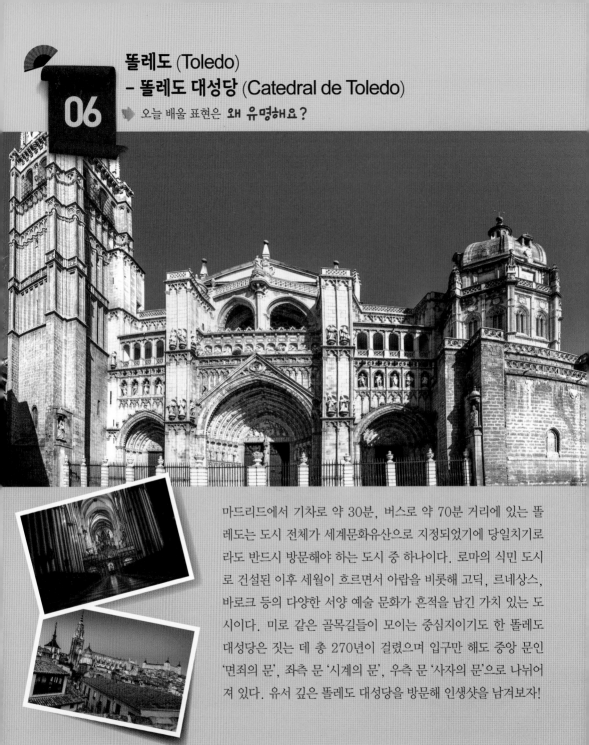

06

똘레도 (Toledo) - 똘레도 대성당 (Catedral de Toledo)

오늘 배울 표현은 **왜 유명해요?**

마드리드에서 기차로 약 30분, 버스로 약 70분 거리에 있는 똘레도는 도시 전체가 세계문화유산으로 지정되었기에 당일치기로라도 반드시 방문해야 하는 도시 중 하나이다. 로마의 식민 도시로 건설된 이후 세월이 흐르면서 아랍을 비롯해 고딕, 르네상스, 바로크 등의 다양한 서양 예술 문화가 흔적을 남긴 가치 있는 도시이다. 미로 같은 골목길들이 모이는 중심지이기도 한 똘레도 대성당은 짓는 데 총 270년이 걸렸으며 입구만 해도 중앙 문인 '면죄의 문', 좌측 문 '시계의 문', 우측 문 '사자의 문'으로 나뉘어져 있다. 유서 깊은 똘레도 대성당을 방문해 인생샷을 남겨보자!

미리보기

이번 랜드마크에서는 어떤 대화를 하는지 먼저 살펴볼까요?

원어민의 음성을 들어보세요.

Spain_06.mp3

1

A : ¿Por qué es famoso Toledo?

B : Porque toda la ciudad es Patrimonio de la Humanidad.

2

A : ¿Cuánto tiempo se tarda desde Madrid?

B : Más o menos una hora y media.

3

A : ¿Cómo se va hasta Toledo desde Madrid?

B : En autobús o en tren.

1

A : 똘레도는 왜 유명해요?

B : 도시 전체가 세계문화유산이기 때문이에요.

2

A : 마드리드에서는 얼마나 걸려요?

B : 대략 1시간 30분 정도요.

3

A : 마드리드에서 똘레도까지 어떻게 가나요?

B : 버스나 기차를 타요.

준비하기

오늘의 주요 단어입니다.
학습을 시작하기 전에
단어부터 살펴보아요.

- por qué 왜(why)
- porque 왜냐하면(because)
- todo 모든
- ciudad 도시
- Patrimonio de la Humanidad 문화유산
- más o menos 약, 대략
- una hora 한 시간
- desde ~부터
- hasta ~까지
- comida 음식
- vino 와인

이 정도 한마디는
랜드마크에서 꼭 해보아요.
패턴으로 완벽 암기하세요.

¿Por qué es famoso/a ~? 왜 유명해요?

- ¿Por qué es famosa la ciudad?
  그 도시는 왜 유명한가요?
- ¿Por qué es famoso este objeto?
  그 물건이 왜 유명해요?
- ¿Por qué es famosa esta comida?
  그 음식이 왜 유명해요?
- ¿Por qué es famoso esto?
  이것이 왜 유명한가요?
- ¿Por qué son famosos los vinos?
  그 와인들이 왜 유명한가요?

TIP

famoso는 '유명한'이라는 형용사이기 때문에 수식을 받는 명사의 성·수와 일치해야 한다. ser 동사 역시 복수 명사를 받아줄 때는 3인칭 복수형 son으로 변한다.

일지쓰기

랜드마크에서 대화한 내용을
떠올리며 빈칸을 채워보세요.

1

A : ¿ ______________________ Toledo?

B : Porque toda la ______________ es Patrimonio de la Humanidad.

A : 똘레도는 왜 유명해요?

B : 도시 전체가 세계문화유산이기 때문이에요.

2

A : ¿Cuánto tiempo se tarda ______________ Madrid?

B : Más o menos ______________ y media.

A : 마드리드에서는 얼마나 걸려요?

B : 대략 1시간 30분 정도요.

3

A : ¿Cómo se va ______________ Toledo ______________ Madrid?

B : En autobús o en tren.

A : 마드리드에서 똘레도까지 어떻게 가나요?

B : 버스나 기차를 타요.

정답

1 Por qué es famoso, ciudad
2 desde, una hora
3 hasta, desde

07

똘레도 (Toledo) - 미라도르 전망대 (Mirador del Valle)

오늘 배울 표현은 **~로 가주세요**

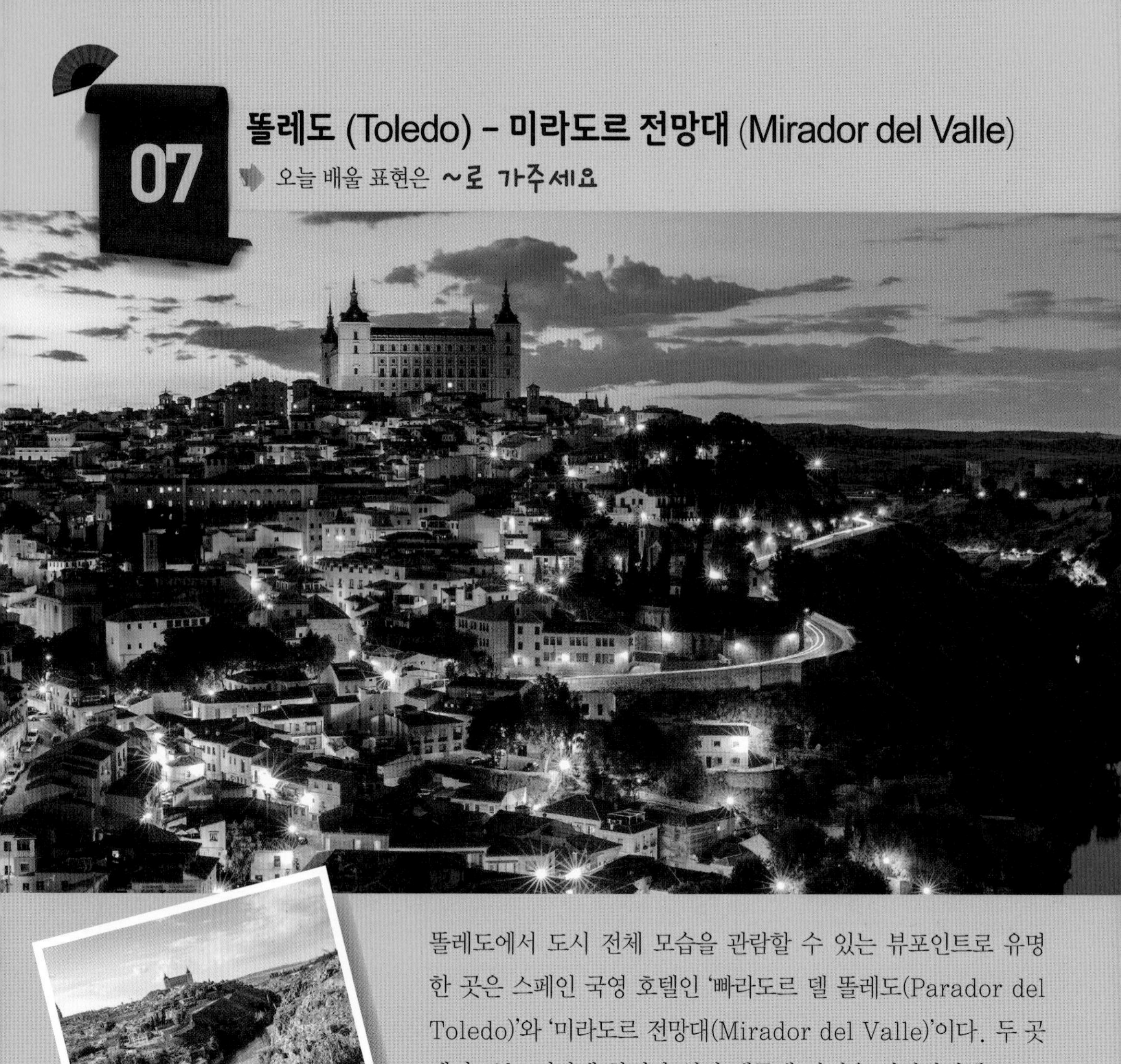

똘레도에서 도시 전체 모습을 관람할 수 있는 뷰포인트로 유명한 곳은 스페인 국영 호텔인 '빠라도르 델 똘레도(Parador del Toledo)'와 '미라도르 전망대(Mirador del Valle)'이다. 두 곳에서 보는 전망에 차이가 있기 때문에 야경을 감상하기에 두 곳 다 매력적인 장소이다. 하지만 둘 중 한 곳을 선택한다면 아무래도 모두에게 오픈 되어 있는 미라도르 전망대에서 오랜 시간 사색에 빠져 보는 것을 추천한다. 똘레도 대성당에서 미라도르 전망대까지는 버스로 약 15분, 택시로 약 8분 정도 거리이다. 똘레도 대성당 관람을 마친 후 미라도르 전망대로 이동해 똘레도의 황홀한 노을과 야경을 감상해보자.

미리보기

이번 랜드마크에서는 어떤 대화를 하는지 먼저 살펴볼까요?

원어민의 음성을 들어보세요.

Spain_07.mp3

1

A : Vamos al Mirador.

B : Vale.

2

A : ¿Este autobús va al Mirador?

B : Sí. Exacto.

3

A : ¿Cuánto tiempo tarda?

B : Más o menos diez minutos.

1

A : 미라도르 전망대로 갑시다.

B : 알겠습니다.

2

A : 이 버스 미라도르 전망대에 가나요?

B : 네. 정확합니다.

3

A : 얼마나 걸리나요?

B : 약 10분 정도요.

준비하기

오늘의 주요 단어입니다.
학습을 시작하기 전에
단어부터 살펴보아요.

- vamos 가자, 갑시다
- a ~에(at)
- vale 알겠다(OK)
- exacto 정확한, 정확해요.
- cuánto 얼마나(how many/much)
- tiempo 시간
- tarda 걸리다(tardar)
- más o menos 대략, 약
- diez 10
- minutos 분
- hotel 호텔
- playa 해변

실전여행

이 정도 한마디는
랜드마크에서 꼭 해보아요.
패턴으로 완벽 암기하세요.

Vamos a ~ ~로 가주세요(~로 갑시다)

- Vamos a la Plaza Mayor.
  마요르 광장에 가주세요.
- Vamos al 'Hotel Sierra'.
  시에라 호텔로 갑시다.
- Vamos a la 'Estación de Atocha'.
  아토차 역으로 가주세요.
- Vamos al restaurante 'Amigo'.
  아미고 레스토랑으로 가주세요.
- Vamos a la playa.
  해변으로 갑시다.

TIP

vamos는 '가다'라는 의미의 불규칙 동사 ir의 1인칭 복수형이다. 전치사 a는 정관사 el과 함께할 경우 al로 축약된다.

일지쓰기

랜드마크에서 대화한 내용을 떠올리며 빈칸을 채워보세요.

1

A : ________________ al Mirador.

B : Vale.

A : 미라도르 전망대로 갑시다.

B : 알겠습니다.

2

A : ¿Este autobús va al Mirador?

B : Sí. ____________.

A : 이 버스 미라도르 전망대에 가나요?

B : 네. 정확합니다.

3

A : ¿Cuánto tiempo tarda?

B : ________________ diez minutos.

A : 얼마나 걸리나요?

B : 약 10분 정도요.

정답

1 Vamos

2 Exacto

3 Más o menos

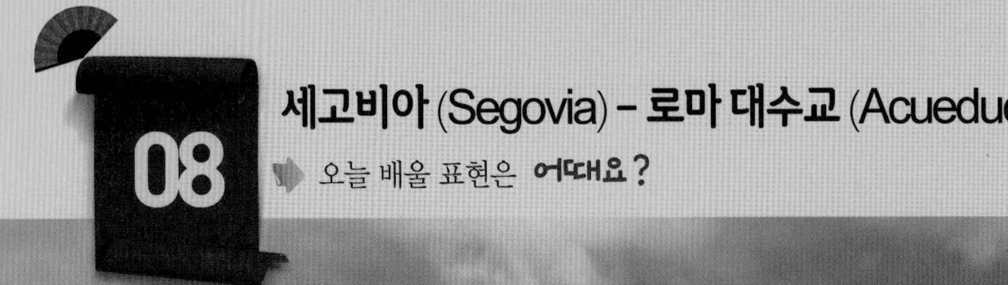

08 세고비아 (Segovia) - 로마 대수교 (Acueducto de Segovia)

오늘 배울 표현은 **어때요?**

마드리드에서 버스로 약 1시간 거리에 있는 세고비아는 기타, 로마 수도교, 백설공주 성으로 유명한 아름다운 도시이다. 그중 로마 대수교(Acueducto de Segovia)는 화강암으로 건설된, 로마 시대의 토목 공학 기술을 보여 주는 가장 뛰어난 유적 중 하나이다. 약 2천 년의 역사를 지닌 이 다리는 한때 16㎞ 거리의 물을 운반해 주기도 했다. 죽기 전에 꼭 봐야 할 세계 유적에 선정될 만큼 웅장하고 정교한 모습을 여전히 잘 간직하고 있다. 세고비아에서 꼭 먹어봐야 할 음식으로 유명한 '새끼 돼지 통구이(Cochinillo Asado, 코치니요 아사도)'는 연하고 부드러운 식감으로 인기가 좋다.

미리보기

이번 랜드마크에서는 어떤 대화를 하는지 먼저 살펴볼까요?

원어민의 음성을 들어보세요.

Spain_08.mp3

1

A : ¿Cómo es el Acueducto de Segovia?

B : Es muy alto y grande.

2

A : ¿De qué era es?

B : Del periodo romano.

3

A : ¿Se usa el acueducto ahora?

B : No. Ahora no se usa.

1

A : 세고비아의 로마대수교는 어때요?

B : 정말 높고 커요.

2

A : 어떤 시대의 것인가요?

B : 로마 시대예요.

3

A : 지금도 수도교를 사용하나요?

B : 아니요. 지금은 사용하지 않아요.

준비하기

오늘의 주요 단어입니다.
학습을 시작하기 전에
단어부터 살펴보아요.

- Cómo 어떻게(How)
- es ~이다(Ser)
- muy 아주
- de ~의(of), ~로부터(from)
- alto 높은
- grande 큰
- era 시대
- ahora 지금
- usa 사용하다(Usar)
- asado 구운
- tiempo 날씨, 시간
- gente 사람

실전여행

이 정도 한마디는
랜드마크에서 꼭 해보아요.
패턴으로 완벽 암기하세요.

¿Cómo es ~? 어때요?

- ¿Cómo es Segovia?
  세고비아 어때요?
- ¿Cómo es el cochinillo asado?
  새끼 돼지 통구이 어때요?
- ¿Cómo es el Alcázar de Segovia?
  세고비아의 알카사르 성 어때요?
- ¿Cómo es el tiempo en Segovia?
  세고비아의 날씨는 어떤가요?
- ¿Cómo son las gentes de Segovia?
  세고비아 사람들은 어때요?

TIP

'Cómo es ~'는 '~가 어때요?'라는 의미의 표현이며 복수 명사를 받을 때는 'Cómo son'으로 활용한다.

일지쓰기

랜드마크에서 대화한 내용을 떠올리며 빈칸을 채워보세요.

1

A : ¿__________________ el Acueducto de Segovia?

B : Es muy ______________ y ________________.

A : 세고비아의 로마대수교는 어때요?

B : 정말 높고 커요.

2

A : ¿De qué __________________ es?

B : Del periodo Romano.

A : 어떤 시대의 것인가요?

B : 로마 시대예요.

3

A : ¿Se ____________ el Acueducto ahora?

B : No. _______________ no se usa.

A : 지금도 수도교를 사용하나요?

B : 아니요. 지금은 사용하지 않아요.

정답

1 Cómo es, alto, grande

2 era

3 usa, Ahora

기억하기

다음 빈칸에 들어갈 내용을 떠올리며
앞서 다녀온 랜드마크를 다시 기억해보세요.

05

레티로 공원(Parque del Retiro)

¿Cuánto tiempo se tarda~? 얼마나 걸려요?

- ¿____________________ en llegar al parque? 공원에 도착하는 데 얼마나 걸려요?
- ¿Cuánto tiempo se tarda ________ autobús? 버스로 얼마나 걸려요?
- ¿Cuánto tiempo se __________ en taxi? 택시로 얼마나 걸려요?
- ¿Cuánto tiempo se tarda ________________? 여기서부터 얼마나 걸려요?
- ¿Cuánto tiempo se tarda ______________? 거기까지 얼마나 걸려요?

정답

- Cuánto tiempo se tarda
- en
- tarda
- desde aquí
- hasta allí

06

똘레도 (Toledo) **– 똘레도 대성당** (Catedral de Toledo)

¿Por qué es famoso/a ~? 왜 유명해요?

- ¿Por qué es famosa la ____________? 그 도시는 왜 유명한가요?
- ¿Por qué es __________ este objeto? 그 물건이 왜 유명해요?
- ¿______________ es famosa esta comida? 그 음식이 왜 유명해요?
- ¿Por qué _______ famoso esto? 이것이 왜 유명한가요?
- ¿Por qué son ____________ los vinos? 그 와인들이 왜 유명한가요?

정답

- ciudad
- famoso
- Por qué
- es, famosos

A : ¿Cuánto tiempo se tarda en llegar a España?

B : Más o menos trece horas.

A : ¡Qué largo!

B : Sí. Es un viaje muy largo.

A : 스페인에 도착하는 데 얼마나 걸려요?

B : 대략 13시간 걸려요.

A : 정말 길군요!

B : 네. 정말 긴 여정이에요.

A : ¿Por qué es famosa la Catedral de Toledo?

B : Porque es hermosa y tiene muchos sentidos.

A : ¿Puedo entrar dentro?

B : Sí. Pero debes pagar la entrada.

A : 톨레도 대성당은 왜 유명해요?

B : 아름답기도 하고 많은 의미를 가지고 있기 때문이에요.

A : 안으로 들어갈 수 있나요?

B : 네. 그런데 입장료를 지불해야 해요.

기억하기

다음 빈칸에 들어갈 내용을 떠올리며
앞서 다녀온 랜드마크를 다시 기억해보세요.

07 똘레도 (Toledo) – 미라도르 전망대 (Mirador del Valle)

Vamos a ~ ~로 가주세요

- Vamos a la ________________ Mayor.
  마요르 광장에 가주세요.
- Vamos ________ 'Hotel Sierra'.
  시에라 호텔로 갑시다.
- ________________ la 'Estación de Atocha'.
  아토차 역으로 가주세요.
- Vamos al ____________________ 'Amigo'.
  아미고 레스토랑으로 가주세요.
- Vamos a la ______________.
  해변으로 갑시다.

정답

- Plaza
- al
- Vamos a
- restaurante
- playa

08 세고비아 (Segovia) – 로마 대수교 (Aqueducto de Segovia)

¿Cómo es ~? 어때요?

- ¿Cómo ____________________ Segovia?
  세고비아 어때요?
- ¿______________ es el cochinillo asado?
  새끼 돼지 통구이 어때요?
- ¿Cómo es el Alcázar __________ Segovia?
  세고비아의 알카사르 성 어때요?
- ¿Cómo es el ________________ en Segovia?
  세고비아의 날씨는 어떤가요?
- ¿Cómo son las ________________ de Segovia?
  세고비아 사람들은 어때요?

정답

- Cuánto tiempo tarda
- en
- tarda
- desde aquí
- hasta ahí

A : Vamos al restaurante 'Amigo.'

B : Vale. ¿Sabe qué significa 'amigo' en español?

A : No lo sé.

B : Significa 'friend.'

A : 아미고 레스토랑으로 가주세요.

B : 알겠습니다. 스페인어로 '아미고'가 무슨 뜻인지 아세요?

A : 몰라요.

B : '프렌드(친구)'라는 뜻이에요.

A : ¿Cómo es el Alcázar de Segovia?

B : Es muy hermoso.

A : Parece un palacio de Disney.

B : Pienso lo mismo.

A : 세고비아의 알카사르 성 어때요?

B : 정말 아름다워요.

A : 디즈니 성 같아요.

B : 저도 같은 생각이에요.

09 세고비아 (Segovia) - 알카사르 성 (Alcázar de Segovia)

오늘 배울 표현은 ~해주실 수 있나요?

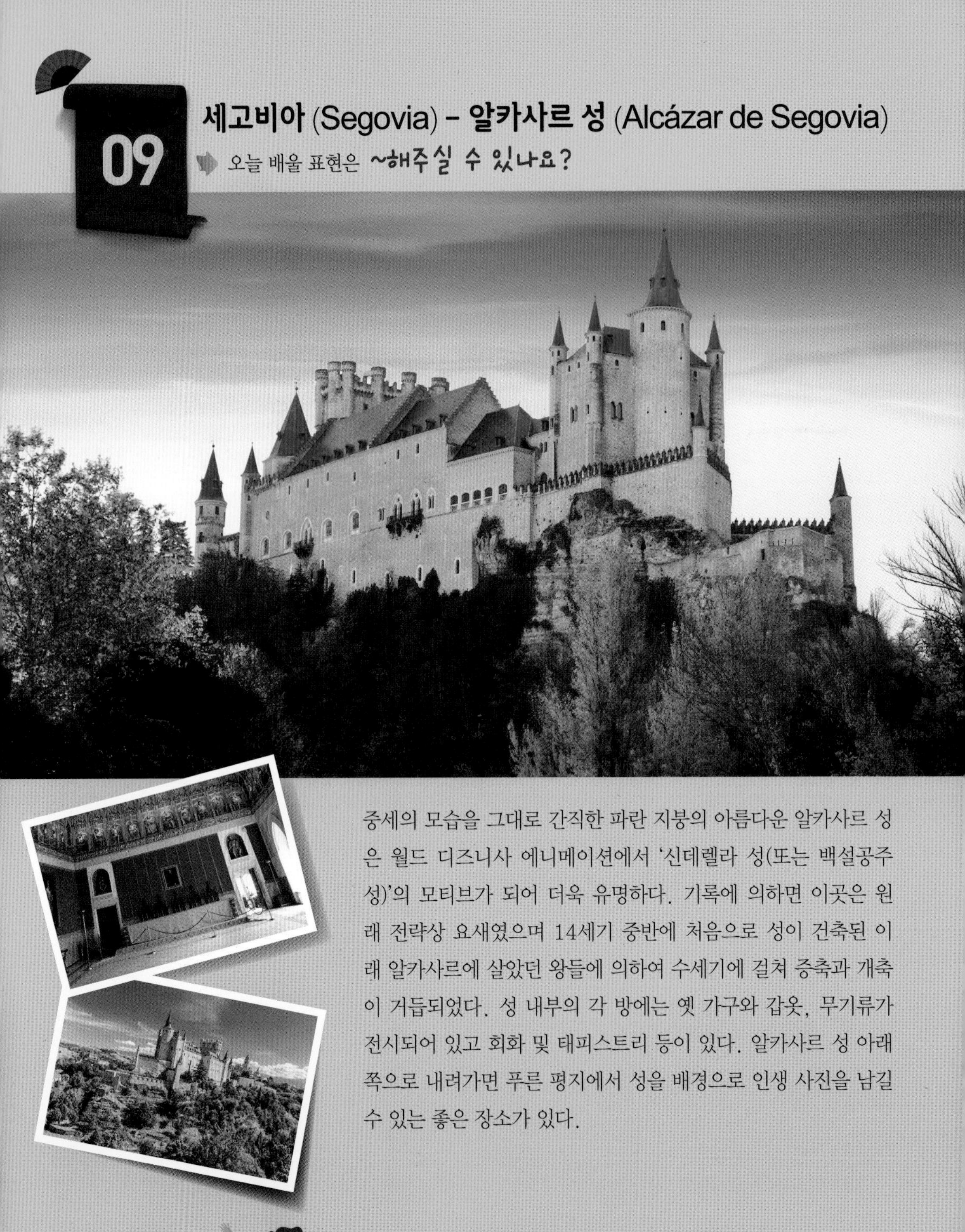

중세의 모습을 그대로 간직한 파란 지붕의 아름다운 알카사르 성은 월드 디즈니사 에니메이션에서 '신데렐라 성(또는 백설공주 성)'의 모티브가 되어 더욱 유명하다. 기록에 의하면 이곳은 원래 전략상 요새였으며 14세기 중반에 처음으로 성이 건축된 이래 알카사르에 살았던 왕들에 의하여 수세기에 걸쳐 증축과 개축이 거듭되었다. 성 내부의 각 방에는 옛 가구와 갑옷, 무기류가 전시되어 있고 회화 및 태피스트리 등이 있다. 알카사르 성 아래쪽으로 내려가면 푸른 평지에서 성을 배경으로 인생 사진을 남길 수 있는 좋은 장소가 있다.

미리보기

이번 랜드마크에서는
어떤 대화를 하는지
먼저 살펴볼까요?

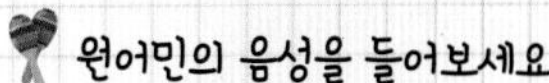

Spain_09.mp3

1

A : ¿Podría hacerme una foto?

B : Claro que sí.

2

A : ¿Dónde la quiere?

B : Por aquí, por favor.

3

A : ¿Quiere otra foto?

B : Sí. Por favor. Gracias.

1

A : 사진 찍어주실 수 있나요?

B : 당연하죠.

2

A : 어디 쪽으로 원하세요?

B : 이쪽으로 부탁드립니다.

3

A : 다른 사진도 원하시나요?

B : 네. 부탁드립니다. 감사합니다.

준비하기

오늘의 주요 단어입니다.
학습을 시작하기 전에
단어부터 살펴보아요.

- podría ~해줄 수 있다 ('poder 할 수 있다'의 공손한 표현-조건법)
- tomar una foto 사진 찍다
- dónde 어디(where)
- por ~쪽으로
- quiere 원하다(querer)
- por favor 부탁합니다(please)
- otra 다른
- foto 사진
- llamar 전화하다, 부르다
- hablar 말하다
- amigo 친구
- conmigo 나와 함께

실전여행

이 정도 한마디는
랜드마크에서 꼭 해보아요.
패턴으로 완벽 암기하세요.

TIP

'Podría ~'표현은 뒤에 동사원형을 그대로 동반한다. 'Puede(Poder) + 동사원형' 표현으로 사용할 수도 있다.

¿Podría ~? ~해주실 수 있나요?

- ¿Podría llamarme?
  저한테 전화해주실 수 있으세요?(저를 불러주실 수 있으세요?)
- ¿Podría decirme?
  저한테 말해주실 수 있나요?
- ¿Podría ser mi amigo?
  제 친구가 되어주실 수 있나요?
- ¿Podría hablar conmigo?
  저랑 얘기 나눌 수 있나요?
- ¿Podría hacerme un descuento?
  할인해주실 수 있나요?

일지쓰기

랜드마크에서 대화한 내용을
떠올리며 빈칸을 채워보세요.

1

A : ¿_______________ hacerme una foto?

B : Claro que sí.

A : 저 사진 찍어주실 수 있나요?

B : 당연하죠.

2

A : ¿Dónde la _______________?

B : Por aquí, por favor.

A : 어디 쪽으로 원하세요?

B : 이쪽으로 부탁드립니다.

3

A : ¿Quiere otra _____________?

B : Sí. _________________. Gracias.

A : 다른 사진도 원하시나요?

B : 네. 부탁드립니다. 감사합니다.

정답

1 Podría

2 quiere

3 foto, Por favor

10 살라망카 (Salamanca) - 로마노 다리 (Puente Romano)

오늘 배울 표현은 ~하기에 언제가 가장 좋아요?

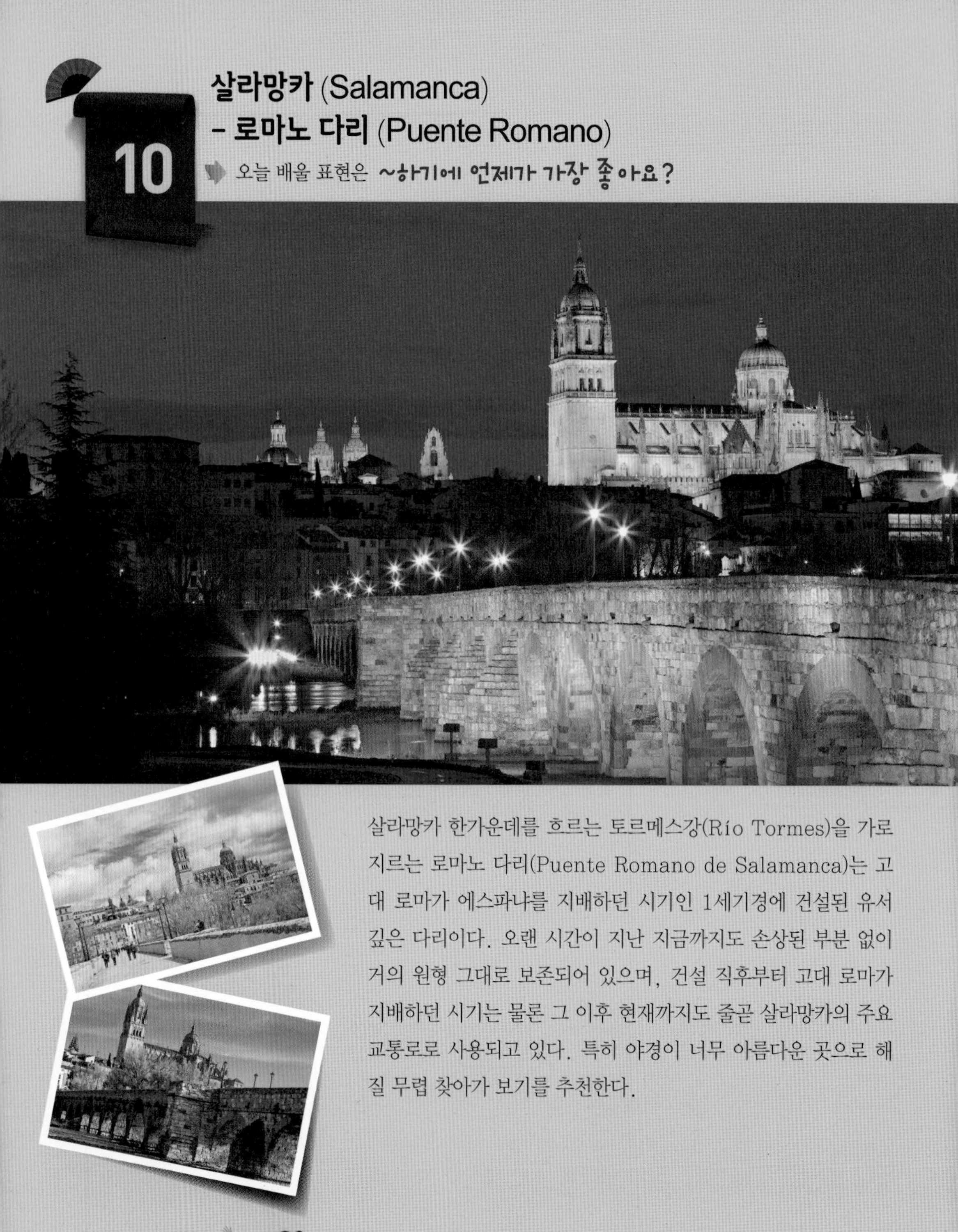

살라망카 한가운데를 흐르는 토르메스강(Río Tormes)을 가로지르는 로마노 다리(Puente Romano de Salamanca)는 고대 로마가 에스파냐를 지배하던 시기인 1세기경에 건설된 유서 깊은 다리이다. 오랜 시간이 지난 지금까지도 손상된 부분 없이 거의 원형 그대로 보존되어 있으며, 건설 직후부터 고대 로마가 지배하던 시기는 물론 그 이후 현재까지도 줄곧 살라망카의 주요 교통로로 사용되고 있다. 특히 야경이 너무 아름다운 곳으로 해질 무렵 찾아가 보기를 추천한다.

미리보기

이번 랜드마크에서는 어떤 대화를 하는지 먼저 살펴볼까요?

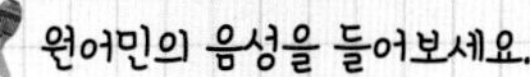

Spain_10.mp3

1

A : ¿Cómo de largo es el Puente Romano de Salamanca?

B : Mide trescientos cincuenta y nueve metros.

2

A : ¿Cuándo se construyó el puente?

B : En 1626, cuenta con varias restauraciones.

3

A : ¿Cuándo es el mejor momento para visitarlo?

B : Al anochecer.

1

A : 살라망카의 로마노 다리는 얼마나 길어요?

B : 359 미터예요.

2

A : 다리가 언제 건축되었나요?

B : 여러 번의 복원 과정을 거쳐, 1626년예요.

3

A : 언제가 방문하기 가장 좋아요?

B : 노을 질 때요.

준비하기

오늘의 주요 단어입니다.
학습을 시작하기 전에
단어부터 살펴보아요.

- medir 측정하다
- Cuándo 언제
- largo 긴
- puente 다리
- metros 미터
- se construyó
  건축되었다 (Construir 건축하다)
- vario 다양한, 여러 번의
- restauración 복원
- para ~하기에
- al+동사원형 ~할 때
- pasear 산책하다
- reunión 모임

실전여행

이 정도 한마디는
랜드마크에서 꼭 해보아요.
패턴으로 완벽 암기하세요.

TIP

para 전치사는 영어의 전치사 for와 쓰임이 유사하며, '~하기 위해, ~하기에' 등의 의미로 사용되고 뒤에 동사원형을 위치시킬 수 있다.

¿Cuándo es el mejor momento para ~?

~하기에 언제가 가장 좋아요?

- ¿Cuándo es el mejor momento para **pasear**?
  산책하기에 언제가 가장 좋아요?
- ¿Cuándo es el mejor momento para **tomar una foto**?
  사진 찍기에 언제가 가장 좋아요?
- ¿Cuándo es el mejor momento para **hacer una reunión**?
  모임을 하기에 언제가 가장 좋아요?
- ¿Cuándo es el mejor momento para **llamarle**?
  당신에게 전화하기에 언제가 가장 좋아요?
- ¿Cuándo es el mejor momento para **encontrarnos**?
  우리가 만나기에 언제가 가장 좋아요?

일지쓰기 

랜드마크에서 대화한 내용을 떠올리며 빈칸을 채워보세요.

1

A : ¿Cómo de __________ el Puente Romano de Salamanca?

B : Mide trescientos cincuenta y nueve __________.

A : 살라망카의 로마노 다리는 얼마나 길어요?

B : 359 미터예요.

2

A : ¿Cuándo __________ el puente?

B : En 1626, cuenta con __________ restauraciones.

A : 다리가 언제 건축되었나요?

B : 여러 번의 복원 과정을 거쳐, 1626년예요.

3

A : ¿Cuándo es el mejor momento para __________?

B : __________ anochecer.

A : 언제가 방문하기 가장 좋아요?

B : 노을 질 때요.

정답

1 largo, metros

2 se construyó, varias

3 visitarlo, Al

11

살라망카 (Salamanca) – 살라망카 대성당 (Catedral de Salamanca)

오늘 배울 표현은 **~해도 되나요?**

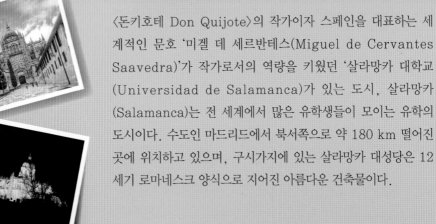

〈돈키호테 Don Quijote〉의 작가이자 스페인을 대표하는 세계적인 문호 '미겔 데 세르반테스(Miguel de Cervantes Saavedra)'가 작가로서의 역량을 키웠던 '살라망카 대학교(Universidad de Salamanca)가 있는 도시, 살라망카(Salamanca)는 전 세계에서 많은 유학생들이 모이는 유학의 도시이다. 수도인 마드리드에서 북서쪽으로 약 180 km 떨어진 곳에 위치하고 있으며, 구시가지에 있는 살라망카 대성당은 12세기 로마네스크 양식으로 지어진 아름다운 건축물이다.

미리보기

이번 랜드마크에서는 어떤 대화를 하는지 먼저 살펴볼까요?

원어민의 음성을 들어보세요.

Spain_11.mp3

1

A : ¿De qué estilo es la catedral de Salamanca?

B : Es de estilo gótico.

2

A : ¿Cuándo se construyó la catedral?

B : Se dice en el año 1102.

3

A : ¿Puedo tomar fotos aquí?

B : Sí. Pero sin flash, por favor.

1

A : 살라망카 대성당은 어떤 양식으로 되어 있나요?

B : 고딕 양식이에요.

2

A : 성당이 언제 건축되었나요?

B : 1102년이라고 하더라구요.

3

A : 여기서 사진 찍어도 되나요?

B : 네. 하지만 플래시 없이 부탁드려요.

준비하기

오늘의 주요 단어입니다.
학습을 시작하기 전에
단어부터 살펴보아요.

- estillo 양식
- catedral 성당
- gótico 고딕
- construyó(construir의 단순 과거형) 건축했다
- Se dice(사람들이) ~라고 말한다
- año 해, 년(도)
- Puedo(poder의 1인칭 단수형 현재) ~할 수 있다
- tomar fotos 사진 찍다
- Pero 하지만, 그러나
- sin ~없이

실전여행

이 정도 한마디는
랜드마크에서 꼭 해보아요.
패턴으로 완벽 암기하세요.

¿Puedo ~? ~해도 되나요?

- ¿Puedo grabar vídeo?
  동영상 촬영해도 되나요?
- ¿Puedo ver esto de cerca?
  가까이서 봐도 되나요?
- ¿Puedo probar esta comida?
  이 음식 먹어봐도 되나요?
- ¿Puedo probarme este abrigo?
  이 외투 입어봐도 되나요?
- ¿Puedo sentarme aquí?
  여기 앉아도 되나요?

TIP

poder 동사는 puedo / puedes / puede / podemos / podéis / pueden으로 변화하는 불규칙 동사이며 probar 동사는 영어의 to try(~해 보다)와 유사하게 활용할 수 있다.

일지쓰기

랜드마크에서 대화한 내용을 떠올리며 빈칸을 채워보세요.

1

A : ¿De qué ________________ es la catedral de Salamanca?

B : Es de estilo ________________.

A : 살라망카 대성당은 어떤 양식으로 되어 있나요?

B : 고딕 양식이에요.

2

A : ¿Cuándo se ____________________ la catedral?

B : __________________ en el año 1102.

A : 성당이 언제 건축되었나요?

B : 1102년이라고 하더라구요.

3

A : _________________ tomar fotos aquí?

B : Sí. Pero ____________ flash, por favor.

A : 여기서 사진 찍어도 되나요?

B : 네. 하지만 플래시 없이 부탁드려요.

정답

1 estilo, gótico

2 construyó, Se dice

3 Puedo, sin

12 살라망카 (Salamanca) – 마요르 광장 (Plaza Mayor de Salamanca)

오늘 배울 표현은 **언제 사람이 많아요?**

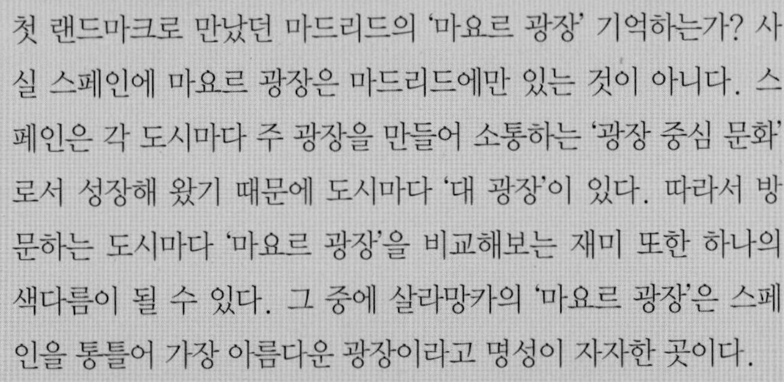

첫 랜드마크로 만났던 마드리드의 '마요르 광장' 기억하는가? 사실 스페인에 마요르 광장은 마드리드에만 있는 것이 아니다. 스페인은 각 도시마다 주 광장을 만들어 소통하는 '광장 중심 문화'로서 성장해 왔기 때문에 도시마다 '대 광장'이 있다. 따라서 방문하는 도시마다 '마요르 광장'을 비교해보는 재미 또한 하나의 색다름이 될 수 있다. 그 중에 살라망카의 '마요르 광장'은 스페인을 통틀어 가장 아름다운 광장이라고 명성이 자자한 곳이다.

미리보기

이번 랜드마크에서는 어떤 대화를 하는지 먼저 살펴볼까요?

원어민의 음성을 들어보세요.

Spain_12.mp3

1

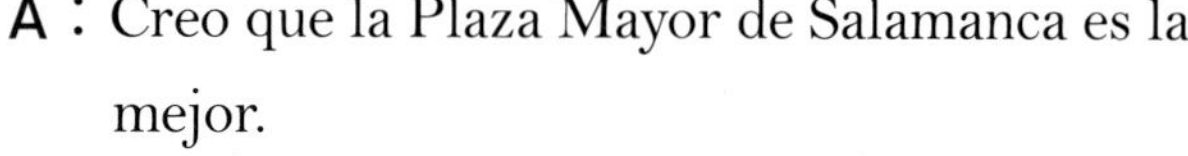

A : Creo que la Plaza Mayor de Salamanca es la mejor.

B : De acuerdo, Estoy de acuerdo.

2

A : ¿Cuándo hay más gente en la plaza?

B : En Navidad y Nuevo Año.

3

A : ¿Qué te gusta hacer en la Plaza Mayor?

B : Me gusta ver a la gente.

1

A : 살라망카의 대광장이 최고라고 생각해요.

B : 맞아요. 동의합니다.

2

A : 광장에 언제 사람이 많아요?

B : 크리스마스와 새해요.

3

A : 대광장에서 뭐 하는 걸 좋아해요?

B : 사람들을 보는 걸 좋아해요.

준비하기

오늘의 주요 단어입니다.
학습을 시작하기 전에
단어부터 살펴보아요.

- Creo que 나는 ~(que 이하) 라고 생각하다
- la plaza mayor 대광장
- el mejor/la mejor 최고(남/녀)
- De acuerdo 동의해요
- más 더 많은
- gente 사람(들)
- Navidad 크리스마스
- Nuevo Año 새해
- te gusta 네가 좋아하다 (너에게 즐거움을 주다)
- hacer 하다
- Me gusta 내가 좋아하다
- ver 보다

실전여행

이 정도 한마디는
랜드마크에서 꼭 해보아요.
패턴으로 완벽 암기하세요.

TIP

'이'라는 의미의 지시 형용사는 este/eata, '그'는 ese/esa, '저'는 aquél/aquélla이며, 지시대명사(이것, 그것, 저것)의 경우에도 형태가 같다.

¿Cuándo hay más gente ~?

언제 사람이 많아요?

- ¿Cuándo hay más gente aquí?

  여기에 언제 사람이 많아요?

- ¿Cuándo hay más gente ahí?

  거기에 언제 사람이 많아요?

- ¿Cuándo hay más gente allí?

  저기에 언제 사람이 많아요?

- ¿Cuándo hay más gente este lugar?

  이 장소에 언제 사람이 많아요?

- ¿Cuándo hay más gente esa zona?

  그 구역에 언제 사람이 많아요?

일지쓰기 

랜드마크에서 대화한 내용을 떠올리며 빈칸을 채워보세요.

1

A : Creo que la Plaza Mayor de Salamanca es _______________.

B : ___________,Estoy de acuerdo.

A : 살라망카의 대광장이 최고라고 생각해요.

B : 맞아요, 동의합니다.

2

A : ¿Cuándo hay ______________ gente en la plaza?

B : En ______________ y Nuevo Año.

A : 광장에 언제 사람이 많아요?

B : 크리스마스와 새해요.

3

A : ¿Qué te gusta ____________ en la Plaza Mayor?

B : Me gusta __________ a la gente.

A : 대광장에서 뭐 하는 걸 좋아해요?

B : 사람들을 보는 걸 좋아해요.

정답

1 la mejor, De acuerdo

2 más, Navidad

3 hacer, ver

기억하기

다음 빈칸에 들어갈 내용을 떠올리며
앞서 다녀온 랜드마크를 다시 기억해보세요.

09

세고비아 (Segovia) **– 알카사르 성** (Alcázar de Segovia)

¿Podría ~? ~해주실 수 있나요?

- ¿Podría ____________________?
  저한테 전화해주실 수 있나요?(저를 불러주실 수 있나요?)
- ¿_______________ decirme?
  저한테 말해주실 수 있나요?
- ¿Podría ser mi ______________?
  제 친구가 되어주실 수 있나요?
- ¿Podría hablar ________________?
  저랑 얘기 나눌 수 있나요?
- ¿Podría hacerme un ________________?
  할인해주실 수 있나요?

정답

- llamarme
- Podría
- amigo
- conmigo
- descuento

10

살라망카 (Salamanca) **– 로마노 다리** (Puente Romano)

¿Cuándo es el mejor momento para ~? ~하기에 언제가 가장 좋아요?

- ¿Cuándo es el mejor momento para ___________________?
  방문하기에 언제가 가장 좋아요?
- ¿Cuándo es el mejor momento para __________________?
  산책하기에 언제가 가장 좋아요?
- ¿Cuándo es el mejor momento para __________________?
  사진 찍기에 언제가 가장 좋아요?
- ¿Cuándo es el mejor momento para __________________?
  모임을 하기에 언제가 가장 좋아요?
- ¿Cuándo es el mejor momento para ________________?
  당신에게 전화하기에 언제가 가장 좋아요?
- ¿Cuándo es el mejor momento para ____________________?
  우리가 만나기에 언제가 가장 좋아요?

정답

- visitar
- pasear
- tomar una foto
- hacer una reunión
- llamarle
- encontrarnos

A : ¿Podría hacerme descuento?

B : Lo siento. No puedo.

A : Por favor. Un poquito.

B : Pues... Vale.

A : 할인해주실 수 있으세요?

B : 죄송합니다. 불가능해요.

A : 부탁드려요. 조금만요.

B : 흠...알겠습니다.

A : ¿Cuándo es el mejor momento para venir aquí?

B : Creo que en primavera.

A : ¿Por qué?

B : Porque hay muchas flores.

A : 여기 방문하기에 언제가 가장 좋아요?

B : 봄이라고 생각해요.

A : 왜요?

B : 많은 꽃들이 있기 때문이에요.

기억하기

다음 빈칸에 들어갈 내용을 떠올리며
앞서 다녀온 랜드마크를 다시 기억해보세요.

11

살라망카 (Salamanca) **– 살라망카 대성당** (Catedral de Salamanca)

¿Puedo ~? ~해도 되나요?

- ¿Puedo grabar ______________________?
  동영상 촬영해도 되나요?
- ¿Puedo _________________ esto de cerca?
  가까이서 봐도 되나요?
- ¿Puedo ___________________ esta comida?
  이 음식 먹어봐도 되나요?
- ¿Puedo probarme _________________ abrigo?
  이 외투 입어봐도 되나요?
- ¿Puedo ________________________ aquí?
  여기 앉아도 되나요?

정답

- vídeo
- ver
- probar
- este
- sentarme

12

살라망카 (Salamanca) **– 마요르 광장** (Plaza Mayor de Salamanca)

¿Cuándo hay más gente~? 언제 사람이 많아요?

- ¿Cuándo hay más gente ______________?
  여기에 언제 사람이 많아요?
- ¿Cuándo hay más gente ______________?
  거기에 언제 사람이 많아요?
- ¿Cuándo hay más gente ______________?
  저기에 언제 사람이 많아요?
- ¿Cuándo hay más gente en este ________________?
  이 장소에 언제 사람이 많아요?
- ¿Cuándo hay más gente en esa __________________?
  그 구역에 언제 사람이 많아요?

정답

- aquí
- ahí
- allí
- lugar
- zona

A : Disculpe, ¿Puedo sentarme aquí?

B : Lo siento. Está ocupado.

A : Entonces, ¿este está libre?

B : Sí, sí. Puede sentarse ahí.

A : 실례합니다, 여기 앉아도 되나요?

B : 죄송해요. 자리가 있어요.

A : 그럼, 여기는 비었나요?

B : 네, 네. 거기 앉으셔도 되세요.

A : ¿Cuándo hay más gente aquí?

B : Pues, al anochecer, creo.

A : Ah, es porque el paisaje es muy bonito.

B : Sí. Estamos en un punto bastante alto.

A : 여기에 언제 사람이 많아요?

B : 글쎄요, 노을 질 때요, 제 생각에는요.

A : 아, 풍경이 너무 예뻐서 그렇군요.

B : 네. 저희는 꽤 높은 지점에 있지요.

랜드마크 스페인어 여행

스페인 북부 1

스페인 북부

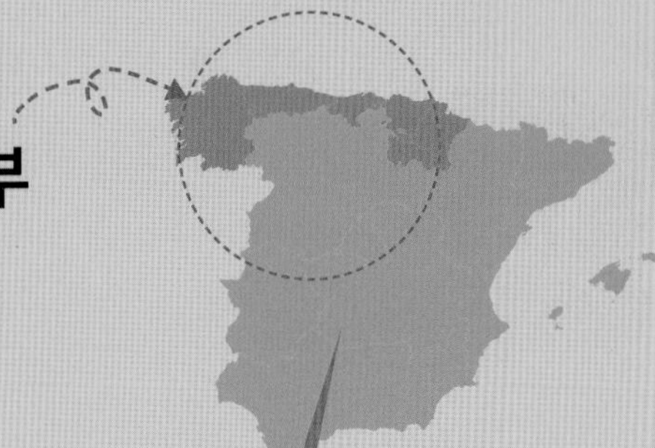

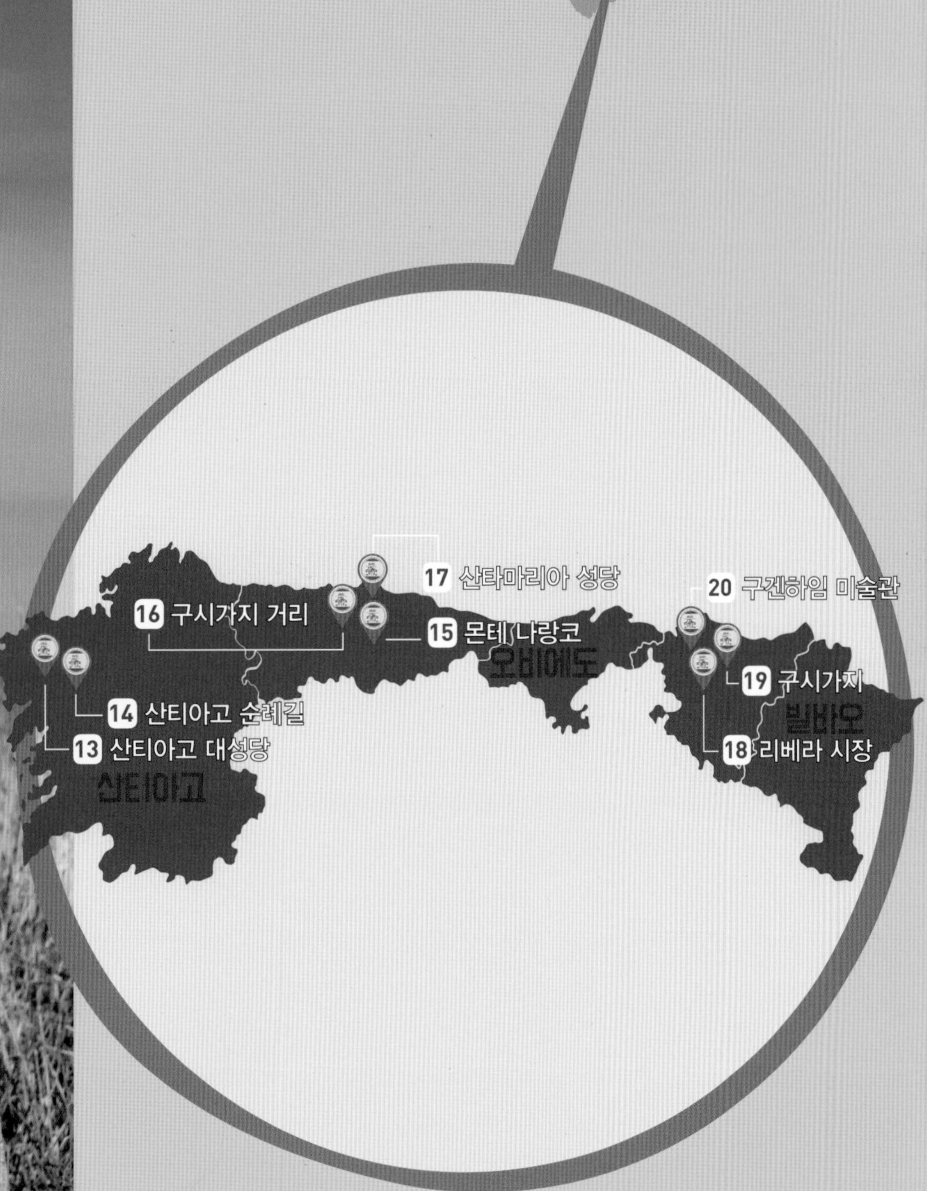

17 산타마리아 성당
16 구시가지 거리
15 몬테 나랑코
오비에도
14 산티아고 순례길
13 산티아고 대성당
산티아고
20 구겐하임 미술관
19 구시가지
빌바오
18 리베라 시장

13 산티아고 데 꼼포스텔라 (Santiago de Compostela) - 산티아고 대성당 (Catedral de Santiago)

오늘 배울 표현은 **멀리 있나요?**

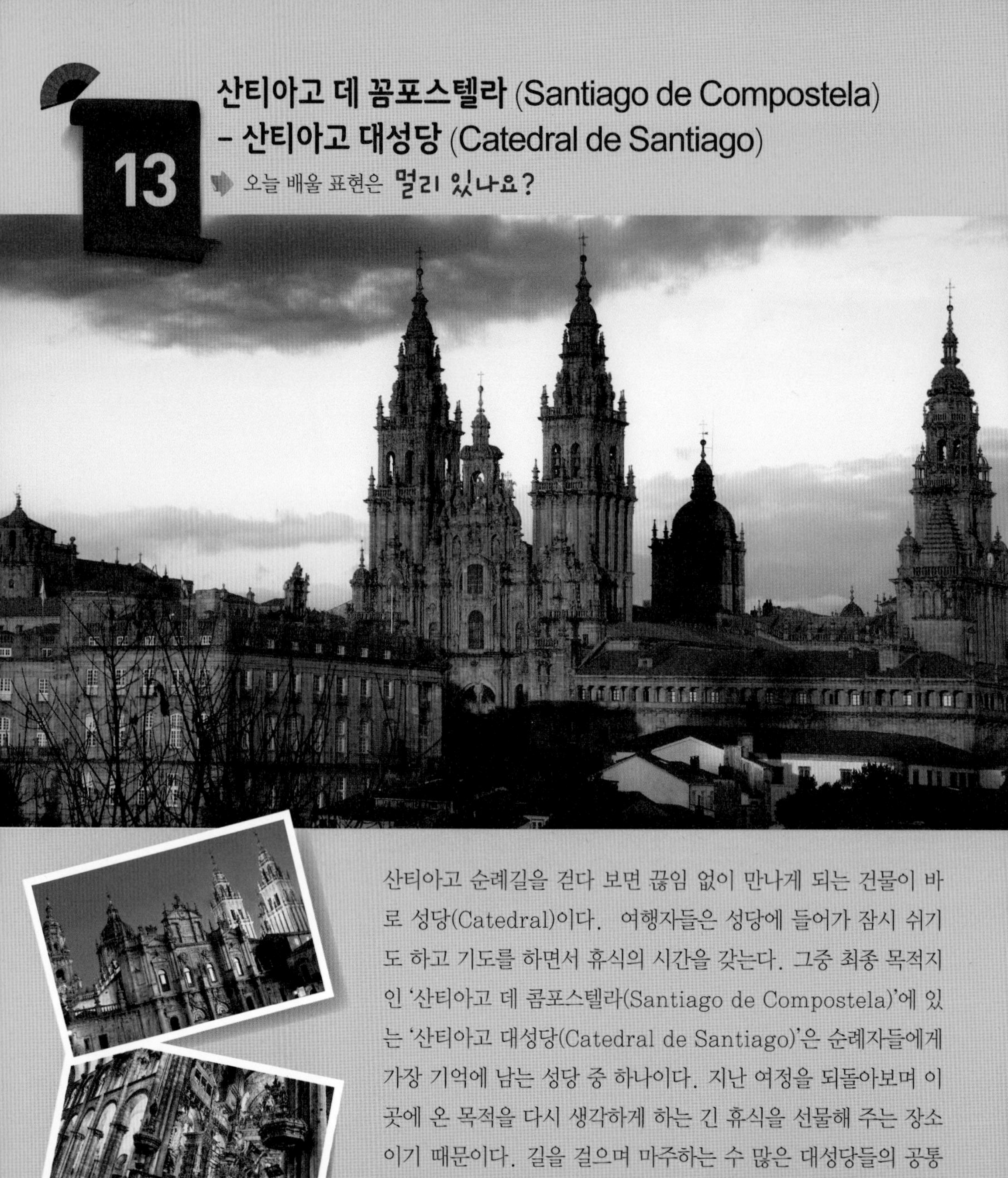

산티아고 순례길을 걷다 보면 끊임 없이 만나게 되는 건물이 바로 성당(Catedral)이다. 여행자들은 성당에 들어가 잠시 쉬기도 하고 기도를 하면서 휴식의 시간을 갖는다. 그중 최종 목적지인 '산티아고 데 콤포스텔라(Santiago de Compostela)'에 있는 '산티아고 대성당(Catedral de Santiago)'은 순례자들에게 가장 기억에 남는 성당 중 하나이다. 지난 여정을 되돌아보며 이곳에 온 목적을 다시 생각하게 하는 긴 휴식을 선물해 주는 장소이기 때문이다. 길을 걸으며 마주하는 수 많은 대성당들의 공통점과 차이점들을 찾아보는 것도 긴 여행을 지루하지 않게 보내는 좋은 방법이지 않을까.

미리보기

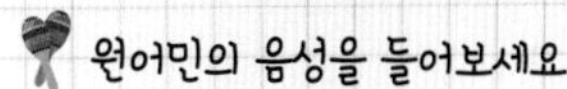

이번 랜드마크에서는 어떤 대화를 하는지 먼저 살펴볼까요?

원어민의 음성을 들어보세요.

Spain_13.mp3

1

A : ¿Está lejos desde aquí la catedral de Santiago?

B : Sí. un poco lejos.

2

A : ¿Cómo se va hasta la catedral de Santiago?

B : A pie, en autobús o en taxi.

3

A : ¿Sabía que en la catedral está la tumba de Santiago?

B : No lo sabía.

1

A : 산티아고 대성당이 여기서 멀리 있나요?

B : 네. 조금 멀리 있어요.

2

A : 산티아고 대성당까지 어떻게 가나요?

B : 걸어서 가거나 버스나 택시를 타고 가요.

3

A : 산티아고 대성당에 야고보의 무덤이 있는 거 아세요?

B : 그건 몰랐어요.

준비하기

오늘의 주요 단어입니다.
학습을 시작하기 전에
단어부터 살펴보아요.

- lejos 먼
- aquí 여기
- catedral 성당
- poco 조금
- a pie 걸어서
- sabe 알다(saber)
- tumba 무덤
- bar 바
- plaza 광장
- estación 역
- desde ~부터
- cafetería 카페

실전여행

이 정도 한마디는
랜드마크에서 꼭 해보아요.
패턴으로 완벽 암기하세요.

¿Está lejos ~? 멀리 있나요?

- ¿Está lejos el hotel 'CIELO'?
  호텔 '시엘로'가 멀리 있나요?
- ¿Está lejos el bar 'HAVANA'?
  '하바나' 바가 멀리 있나요?
- ¿Está lejos la plaza desde la catedral?
  성당에서부터 광장이 멀리 있나요?
- ¿Está lejos el restaurante desde el hotel?
  호텔에서부터 레스토랑이 멀리 있나요?
- ¿Está lejos la estación de tren desde la cafetería?
  커피숍에서부터 기차역이 멀리 있나요?

TIP

'Está lejos ~' 표현의 반대말은 '~가 가까이 있나요?'라는 의미의 'Está cerca ~'이다. 장소를 복수로 받으면 están으로 바꿔 사용해야 한다.

일지쓰기

랜드마크에서 대화한 내용을 떠올리며 빈칸을 채워보세요.

1

A : ¿______________________ desde aquí la catedral de Santiago?

B : Sí. un __________ lejos.

A : 산티아고 대성당이 여기서 멀리 있나요?

B : 네. 조금 멀리 있어요.

2

A : ¿Cómo se va hasta la ______________ de Santiago?

B : __________, en autobús o en taxi.

A : 산티아고 대성당까지 어떻게 가나요?

B : 걸어서 가거나 버스나 택시를 타고 가요.

3

A : ¿Sabía que en la catedral está la ____________ de Santiago?

B : No lo sabía.

A : 산티아고 대성당에 야고보의 무덤이 있는 거 아세요?

B : 그건 몰랐어요.

정답

1 Está lejos, poco

2 catedral, A pie

3 tumba

14

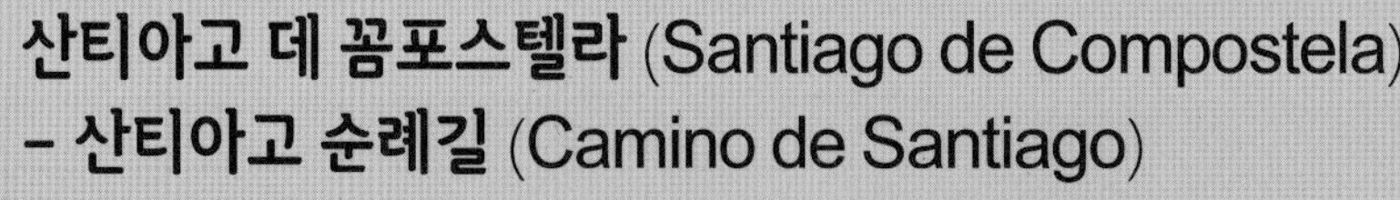

산티아고 데 꼼포스텔라 (Santiago de Compostela) – 산티아고 순례길 (Camino de Santiago)

오늘 배울 표현은 **어디에서부터요?**

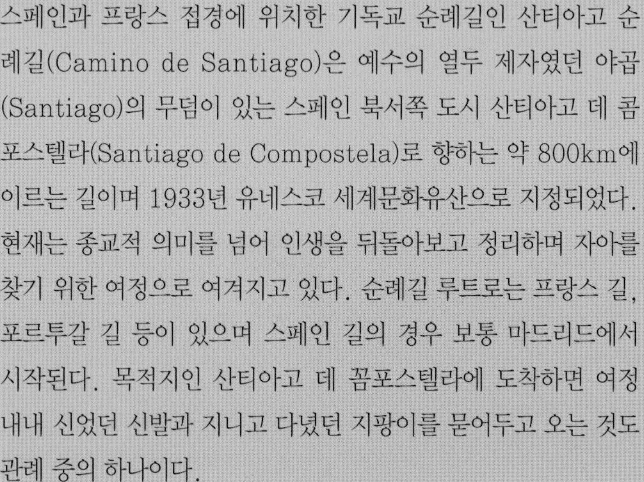

스페인과 프랑스 접경에 위치한 기독교 순례길인 산티아고 순례길(Camino de Santiago)은 예수의 열두 제자였던 야곱(Santiago)의 무덤이 있는 스페인 북서쪽 도시 산티아고 데 콤포스텔라(Santiago de Compostela)로 향하는 약 800km에 이르는 길이며 1933년 유네스코 세계문화유산으로 지정되었다. 현재는 종교적 의미를 넘어 인생을 뒤돌아보고 정리하며 자아를 찾기 위한 여정으로 여겨지고 있다. 순례길 루트로는 프랑스 길, 포르투갈 길 등이 있으며 스페인 길의 경우 보통 마드리드에서 시작된다. 목적지인 산티아고 데 꼼포스텔라에 도착하면 여정 내내 신었던 신발과 지니고 다녔던 지팡이를 묻어두고 오는 것도 관례 중의 하나이다.

미리보기

이번 랜드마크에서는 어떤 대화를 하는지 먼저 살펴볼까요?

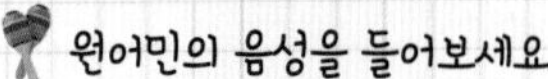

Spain_14.mp3

1

A : ¿De dónde empieza el Camino de Santiago?

B : Dentro de España, desde Madrid.

2

A : ¿Vale la pena hacer el camino?

B : Vale la pena muchísimo.

3

A : ¿Cuántos días se tarda en llegar?

B : Unas tres semanas.

1

A : 어디에서 산티아고 순례길이 시작되나요?

B : 스페인 내에서는, 마드리드에서부터요.

2

A : 순례길을 걷는 것이 가치가 있나요?

B : 정말 많은 가치가 있어요.

3

A : 도착하는 데 며칠이 걸리나요?

B : 약 3주 정도요.

준비하기

오늘의 주요 단어입니다.
학습을 시작하기 전에
단어부터 살펴보아요.

- de ~의(of), ~로부터(from)
- dónde 어디(where)
- camino 길
- España 스페인
- vale(valer) la pena 가치가 있다
- caminar 걷다
- muchísimo 정말 많이
- día 날, 일
- llegar 도착하다
- tres 3, 셋
- unos 대략, 약
- semana 주, 일주일

실전여행

이 정도 한마디는
랜드마크에서 꼭 해보아요.
패턴으로 완벽 암기하세요.

TIP

'De dónde ~'에서 de는 '~로부터(from)'라는 의미로 사용되고 있다.

¿De dónde ~? 어디에서부터요?

- ¿De dónde viene?
  어디서 오시는 거예요?
- ¿De dónde es?
  어느 나라 사람이세요?
- ¿De dónde parte el autobús?
  버스가 어디서부터 출발해요?
- ¿De dónde empieza el camino?
  길이 어디에서부터 시작되나요?
- ¿De dónde a dónde va la ruta 3?
  루트 3은 어디에서부터 어디로 가나요?

일지쓰기

랜드마크에서 대화한 내용을
떠올리며 빈칸을 채워보세요.

1

A : ¿De dónde empieza el ________________ de Santiago?

B : Dentro de ______________, desde Madrid.

A : 어디에서부터 산티아고 순례길이 시작되나요?

B : 스페인에서는, 마드리드에서부터요.

2

A : ¿__________________________ hacer el camino?

B : Vale la pena ____________________.

A : 순례길을 걷는 것이 가치가 있나요?

B : 정말 많은 가치가 있어요.

3

A : ¿Cuántos días se tarda en _____________?

B : Unas ____________ semanas.

A : 도착하는 데 며칠이 걸리나요?

B : 약 3주 정도요.

정답

1 Camino, España
2 Vale la pena, muchísimo
3 llegar, tres

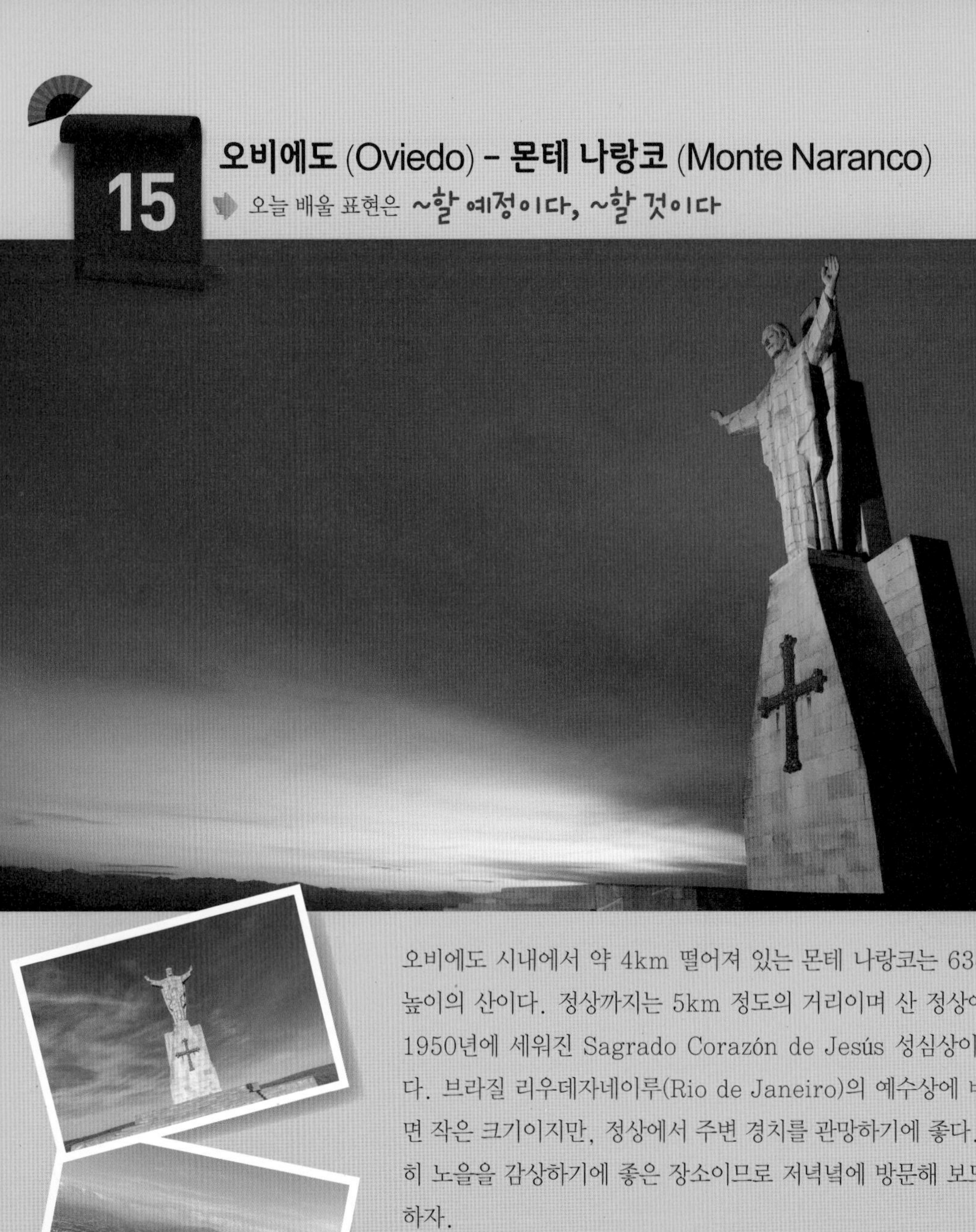

15 오비에도 (Oviedo) - 몬테 나랑코 (Monte Naranco)

오늘 배울 표현은 ~할 예정이다, ~할 것이다

오비에도 시내에서 약 4km 떨어져 있는 몬테 나랑코는 634m 높이의 산이다. 정상까지는 5km 정도의 거리이며 산 정상에는 1950년에 세워진 Sagrado Corazón de Jesús 성심상이 있다. 브라질 리우데자네이루(Rio de Janeiro)의 예수상에 비하면 작은 크기이지만, 정상에서 주변 경치를 관망하기에 좋다. 특히 노을을 감상하기에 좋은 장소이므로 저녁녘에 방문해 보도록 하자.

미리보기

이번 랜드마크에서는 어떤 대화를 하는지 먼저 살펴볼까요?

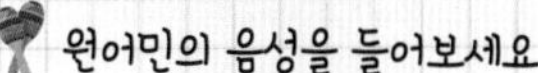

Spain_15.mp3

1

A : ¿Qué vas a hacer hoy?

B : Voy a ir al Monte Naranco.

2

A : ¿Qué hora es mejor para ir ahí?

B : Al anochecer.

3

A : ¿Cuánto tiempo se tarda en llegar?

B : Unos noventa minutos a pie.

1

A : 오늘 뭐 할 거예요?

B : 몬테 나랑코에 갈 거예요.

2

A : 거기 가기에 몇 시가 좋아요?

B : 노을이 질 때요.

3

A : 도착하는 데 얼마나 걸리나요?

B : 걸어서는 대략 90분이요.

준비하기

오늘의 주요 단어입니다.
학습을 시작하기 전에
단어부터 살펴보아요.

- ir a 동사원형 ~할 것이다, ~할 예정이다
- hacer 하다
- hoy 오늘
- mejor 더 좋은(better)
- anochecer 노을지다
- noventa 숫자 90
- visitar 방문하다
- comer 먹다
- algo 어떤 것(something)
- descansar 휴식하다
- cafetería 카페
- viajar 여행하다

실전여행

이 정도 한마디는
랜드마크에서 꼭 해보아요.
패턴으로 완벽 암기하세요.

TIP

본래 ir 동사는 '가다'라는 의미로 사용하지만, 'ir a + 동사원형' 표현은 '~할 것이다, ~할 예정이다'라는 의미로 사용된다.

Voy a + 동사원형 ~할 예정이다, ~할 것이다

- Voy a **visitar el museo.**
  미술관에 방문할 거예요.

- Voy a **comer algo.**
  뭔가를 먹을 예정이에요.

- Voy a **descansar.**
  휴식할 예정이에요.

- Voy a **ir a la cafetería.**
  카페에 갈 거예요.

- Voy a **viajar por Oviedo.**
  오비에도 여행할 거예요.

일지쓰기

랜드마크에서 대화한 내용을 떠올리며 빈칸을 채워보세요.

1

A : ¿Qué vas a hacer hoy?

B : ______________________ al Monte Naranco.

A : 오늘 뭐 할 거예요?

B : 몬테 나랑코에 갈 거예요.

2

A : ¿Qué hora es __________________ para ir ahí?

B : Al anochecer.

A : 거기 가기에 몇 시가 좋아요?

B : 노을이 질 때요.

3

A : ¿Cuánto tiempo se tarda en llegar?

B : Unos ___________________ minutos a pie.

A : 도착하는 데 얼마나 걸리나요?

B : 걸어서는 대략 90분이요.

정답

1 Voy a ir

2 mejor

3 noventa

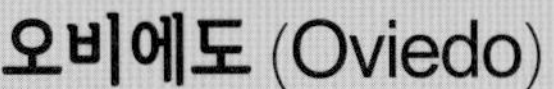

16 오비에도 (Oviedo) - 구시가지 거리 (Calles del Casco Viejo de Oviedo)

오늘 배울 표현은 **누구예요?**

아스투리아스 지방의 꽃, 오비에도(Oviedo)는 역사와 예술의 향기가 가득한 도시이며, 매년 과학 기술, 문학, 예술, 스포츠 등 8개 부문에 상을 수여하는 아스투리아스 왕세자상 시상식이 열리는 곳이기도 하다. 오비에도에서 *Vicky Christina Barcelona* 라는 영화를 촬영했던 미국의 영화 감독 '우디 앨런(Woody Allen)'이 이 상을 수상한 적이 있으며 시상식은 구시가지에 있는 깜뽀아모르 극장(Teatro Campoamor)에서 열린다.

미리보기

이번 랜드마크에서는 어떤 대화를 하는지 먼저 살펴볼까요?

원어민의 음성을 들어보세요.

Spain_16.mp3

1

A : ¿Quién es él?
B : Ah, es Woody Allen.

2

A : ¿Por qué está la estatua de Woody Allen?
B : Porque el escenario de su película es Oviedo.

3

A : ¿Cuál es el título de la película?
B : Es 'Vicky, Christina, Barcelona.'

1

A : 그는 누구예요?
B : 우디 앨런이에요.

2

A : 왜 우디 앨런의 동상이 있어요?
B : 그의 영화 배경이 오비에도이기 때문이에요.

3

A : 영화 제목이 뭐예요?
B : 'Vicky, Christina, Barcelona'예요.

준비하기

오늘의 주요 단어입니다.
학습을 시작하기 전에
단어부터 살펴보아요.

- **Quién** 누구(Who)
- **es** ~이다(Ser)
- **estatua** 상, 조각상
- **estatua de bronce** 동상
- **escenario** 배경
- **película** 영화
- **título** 제목
- **ella** 그녀(she)
- **él** 그(he)
- **este/esta** 이 사람
- **ese/esa** 그 사람
- **aquél/aquella** 저 사람

실전여행

이 정도 한마디는
랜드마크에서 꼭 해보아요.
패턴으로 완벽 암기하세요.

TIP

앞에 있는 상대방에게 직접 '누구세요?'라고 물어볼 때는 ¿Quién es?만 사용하면 된다.

¿Quién es ~? 누구예요?

- ¿Quién es **este/esta?**
  이 사람(남/여)은 누구예요?

- ¿Quién es **ese/esa?**
  그 사람(남/여)은 누구예요?

- ¿Quién es **aquél/aquella?**
  저 사람(남/여)은 누구예요?

- ¿Quién es **el hombre?**
  그 남자는 누구예요?

- ¿Quién es **la mujer?**
  그 여자는 누구예요?

일지쓰기

랜드마크에서 대화한 내용을 떠올리며 빈칸을 채워보세요.

1

A : ¿______________ él?

B : Ah, es Woody Allen.

A : 이 동상은 누구예요?

B : 우디 앨런이에요.

2

A : ¿Por qué está la ______________ de Woody Allen?

B : Porque el ______________ de su película es Oviedo.

A : 왜 우디 앨런의 동상이 있어요?

B : 그의 영화 배경이 오비에도이기 때문이에요.

3

A : ¿Cuál es el ______________ de la película?

B : Es 'Vicky, Christina, Barcelona.'

A : 영화 제목이 뭐예요?

B : 'Vicky, Christina, Barcelona' 예요.

정답

1 Quién es

2 estatua, escenario

3 título

기억하기

다음 빈칸에 들어갈 내용을 떠올리며
앞서 다녀온 랜드마크를 다시 기억해보세요.

13

산티아고 데 꼼포스텔라 (Santiago de Compostela) – **산티아고 대성당** (Catedral de Santiago)

¿Está lejos ~? 멀리 있나요?

- ¿Está lejos el ______________ 'Cielo'?
  호텔 '시엘로'가 멀리 있나요?
- ¿Está lejos el ___________ 'Havana'?
  '하바나' 바가 멀리 있나요?
- ¿Está lejos la ______________ desde la catedral?
  성당에서부터 광장이 멀리 있나요?
- ¿____________ lejos el restaurante desde el hotel?
  호텔에서부터 레스토랑이 멀리 있나요?
- ¿Está ____________ la estación de tren desde la cafetería?
  커피숍에서부터 기차역이 멀리 있나요?

정답

- hotel
- bar
- plaza
- Está
- lejos

14

산티아고 데 꼼포스텔라 (Santiago de Compostela) – **산티아고 순례길** (Camino de Santiago)

¿De dónde ~? 어디에서부터요?

- ¿De dónde ______________?
  어디서부터 오시는 거예요?
- ¿De dónde _________?
  어느 나라 사람이세요?
- ¿______________________ parte el autobús?
  버스가 어디서부터 출발해요?
- ¿De _____________ empieza el camino?
  길이 어디에서부터 시작되나요?
- ¿_________ dónde a dónde va la ruta 3?
  루트 3은 어디에서부터 어디로 가나요?

정답

- viene
- es
- De dónde
- dónde
- De

A : ¿Está lejos la plaza desde la catedral?

B : Pues... no está tan lejos.

A : ¿Cuánto se tarda a pie?

B : Unos quince minutos.

A : 성당에서부터 광장이 멀리 있나요?

B : 흠... 그렇게 멀지는 않아요.

A : 걸어서 얼마나 걸리나요?

B : 대략 15분 정도 걸려요.

A : ¿De dónde es?

B : Soy coreano/a. ¿Y Usted?

A : Soy chileno.

B : Mucho gusto.

A : 어느 나라 사람이세요?

B : 한국인이에요. 당신은요?

A : 저는 칠레 사람이에요.

B : 만나서 반가워요.

기억하기

다음 빈칸에 들어갈 내용을 떠올리며
앞서 다녀온 랜드마크를 다시 기억해보세요.

15

오비에도 (Oviedo) **– 몬테 나랑코** (Monte Naranco)

Voy a + 동사원형 ~할 예정이다, ~할 것이다

- Voy a ____________ el museo.
  미술관에 방문할 거예요.
- Voy a ____________ algo.
  뭔가를 먹을 예정이에요.
- Voy a ____________.
  휴식할 예정이에요.
- Voy a ________ a la cafetería.
  카페에 갈 거예요.
- Voy a ____________ por Oviedo.
  오비에도 여행할 거예요.

정답

- visitar
- comer
- descansar
- ir
- viajar

16

오비에도 (Oviedo) **– 구시가지 거리** (Calles de Casco Viejo del Oviedo)

¿Quién es ~? 누구예요?

- ¿Quién es ________?
  이 사람(남/여)은 누구예요?
- ¿Quién es ________?
  그 사람(남/여)은 누구예요?
- ¿Quién es ________?
  저 사람(남/여)은 누구예요?
- ¿Quién es ________?
  그 남자는 누구예요?
- ¿Quién es ________?
  그 여자는 누구예요?

정답

- este/esta
- ese/esa
- aquél/aquella
- el hombre
- la mujer

A : Voy a comer algo.

B : ¿Tiene mucha hambre?

A : Creo que sí.

B : Entonces, vamos juntos.

A : 뭔가를 먹을 거예요.

B : 많이 배고프세요?

A : 그런 것 같아요.

B : 그럼, 같이 가요.

A : ¿Quién es?

B : Es Miguel de Cervantes.

A : ¿Cervantes el de 'Don Quijote'?

B : Exacto.

A : 누구예요?

B : 미겔 데 세르반테스예요.

A : '돈키호테'의 세르반테스요?

B : 정확해요.

17 오비에도 (Oviedo) – 산타 마리아 성당 (Santa María del Naranco)

오늘 배울 표현은 저를 도와주실래요?

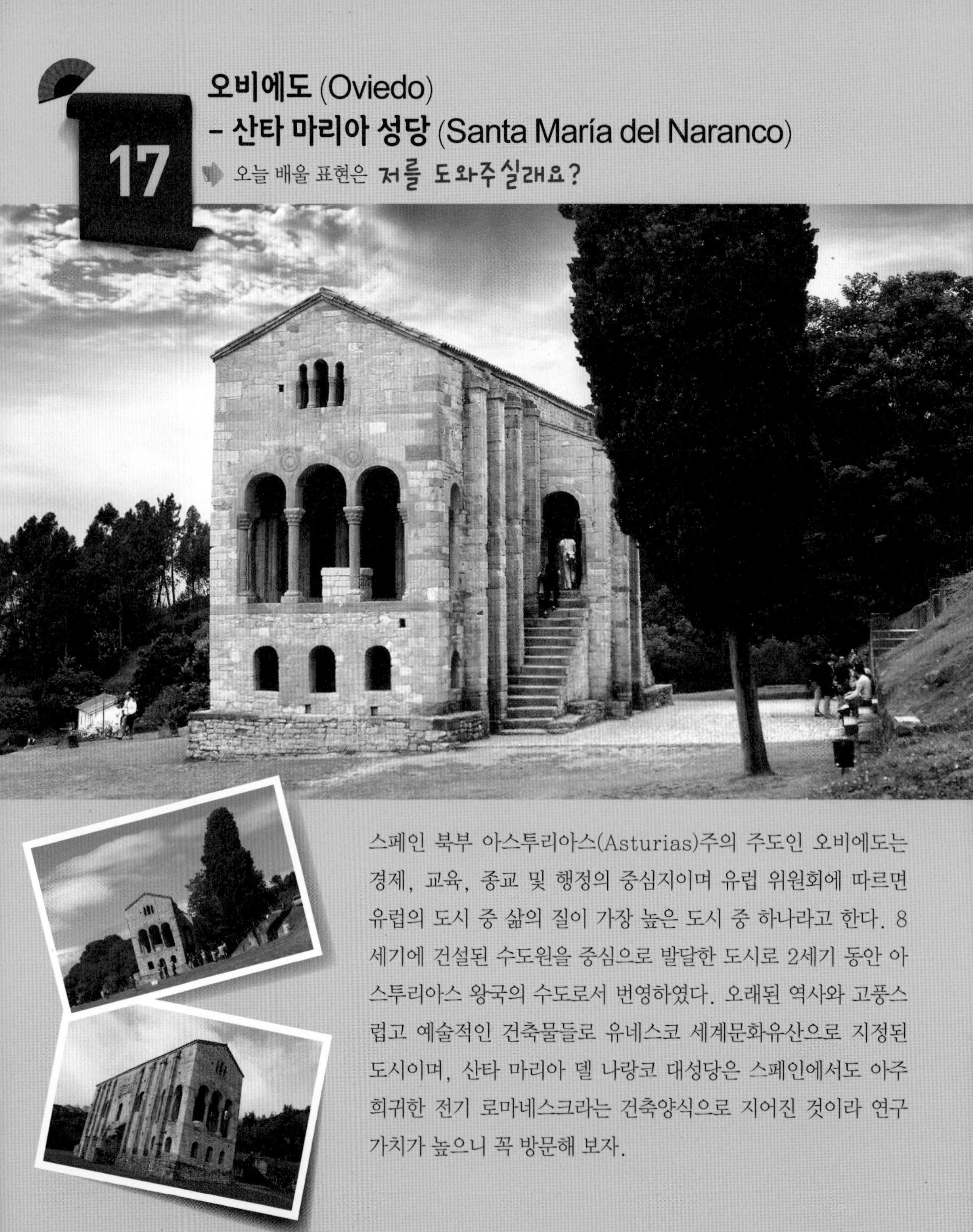

스페인 북부 아스투리아스(Asturias)주의 주도인 오비에도는 경제, 교육, 종교 및 행정의 중심지이며 유럽 위원회에 따르면 유럽의 도시 중 삶의 질이 가장 높은 도시 중 하나라고 한다. 8세기에 건설된 수도원을 중심으로 발달한 도시로 2세기 동안 아스투리아스 왕국의 수도로서 번영하였다. 오래된 역사와 고풍스럽고 예술적인 건축물들로 유네스코 세계문화유산으로 지정된 도시이며, 산타 마리아 델 나랑코 대성당은 스페인에서도 아주 희귀한 전기 로마네스크라는 건축양식으로 지어진 것이라 연구 가치가 높으니 꼭 방문해 보자.

미리보기

이번 랜드마크에서는 어떤 대화를 하는지 먼저 살펴볼까요?

원어민의 음성을 들어보세요.

Spain_17.mp3

1

A : ¿Cómo es Oviedo?

B : Es una ciudad muy noble.

2

A : ¿Cómo es la catedral de Santa María?

B : Parece muy simple pero es bonita.

3

A : ¿Podría ayudarme? Es que la bolsa pesa mucho.

B : Claro. Es mi placer.

1

A : 오비에도는 어때요?

B : 아주 고풍스러운 도시예요.

2

A : 산타 마리아 성당은 어때요?

B : 아주 심플해 보이지만 예뻐요.

3

A : 저를 도와주실래요? 실은 가방이 아주 무거워요.

B : 그럼요. 제 기쁨입니다.

준비하기

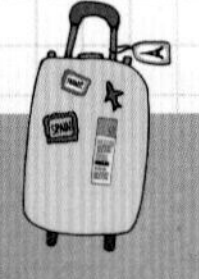

오늘의 주요 단어입니다.
학습을 시작하기 전에
단어부터 살펴보아요.

- noble 고풍적인, 고상한
- prerromántico
  전기 로마네스크
- parece
  ~처럼 보이다(parecer)
- bonito 예쁜
- simple 단순한
- dos 숫자 2
- ayudar 돕다
- bolsa 가방
- pesar 무게가 나가다
- placer 기쁨
- ahora mismo 지금 당장
- luego 나중에

실전여행

이 정도 한마디는
랜드마크에서 꼭 해보아요.
패턴으로 완벽 암기하세요.

TIP

'me'는 직접목적대명사로서, '나를'이라는 의미로 사용되고 있습니다.

¿Podría ayudarme? 저를 도와주실래요?

- ¿Podría ayudarme **ahora?**
  지금 저를 도와주실래요?
- ¿Podría ayudarme **ahora mismo?**
  지금 당장 저를 도와주실래요?
- ¿Podría ayudarme **luego?**
  이따가 저를 도와주실래요?
- ¿Podría ayudarme **un poco?**
  저를 조금 도와주실래요?
- ¿Podría ayudarme**, por favor?**
  제발 저를 도와주실래요?

일지쓰기

랜드마크에서 대화한 내용을 떠올리며 빈칸을 채워보세요.

1

A : ¿______________________ Oviedo?

B : Es una ciudad muy ______________.

A : 오비에도는 어때요?

B : 아주 고풍스러운 도시예요.

2

A : ¿Cómo es la catedral de Santa María?

B : Parece muy ________________ pero es ________________.

A : 산타 마리아 성당은 어때요?

B : 아주 심플해 보이지만 예뻐요.

3

A : ¿Podría _____________? Es que la bolsa pesa mucho.

B : Claro. Es mi placer.

A : 저를 도와주실래요? 실은 가방이 아주 무거워요.

B : 그럼요. 제 기쁨입니다.

정답

1 Cómo es, noble

2 Qué peculiaridad hay, raro

3 ayudarme

18

빌바오 (Bilbao) – 리베라 시장 (Mercado de la Ribera)

오늘 배울 표현은 **~에 대해(관해) 알고 싶어요**

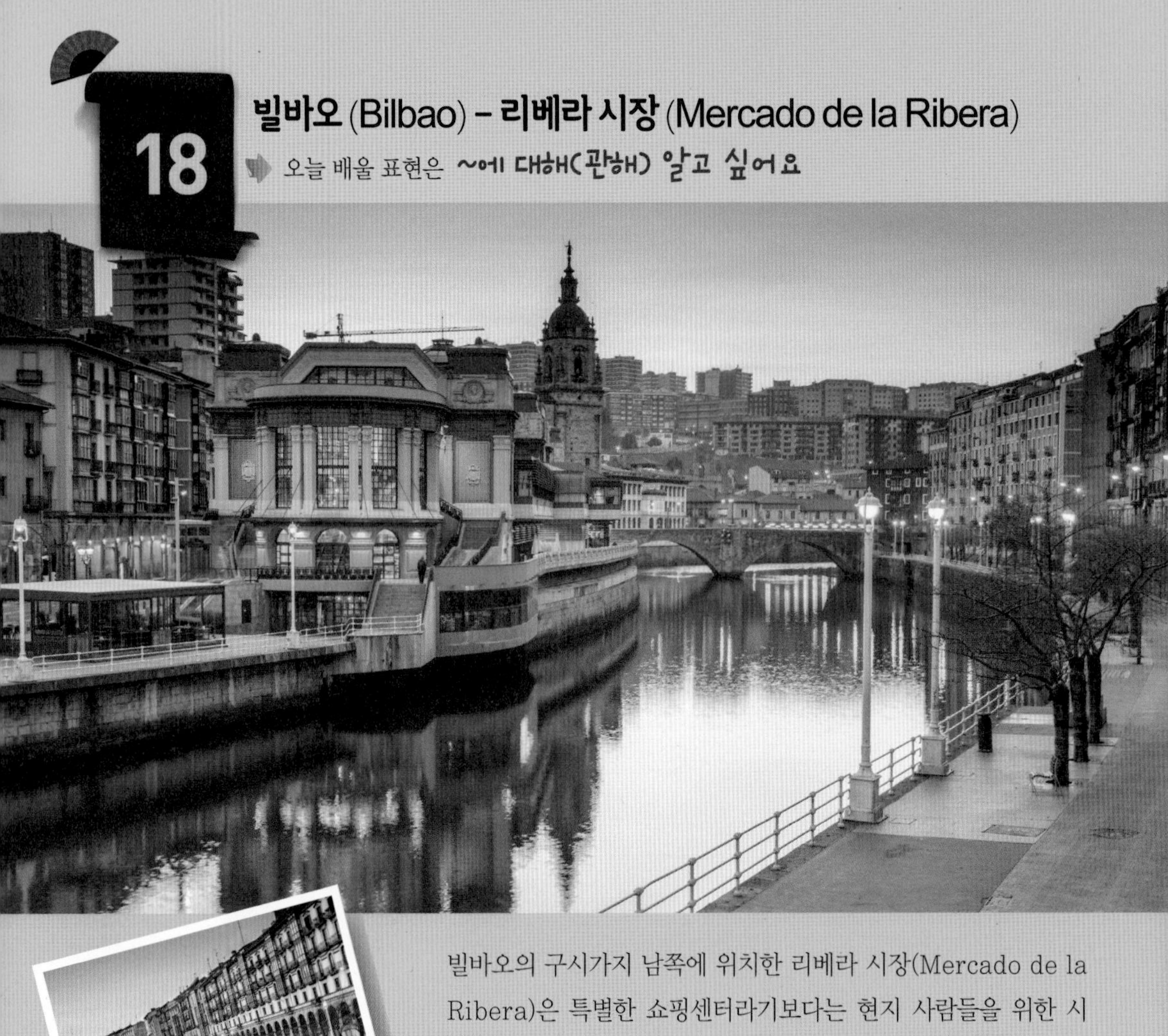

빌바오의 구시가지 남쪽에 위치한 리베라 시장(Mercado de la Ribera)은 특별한 쇼핑센터라기보다는 현지 사람들을 위한 시장이다. 축산물, 수산물, 식료품 등을 팔고 있어 현지의 식재료들과 식료품을 구경하는 재미가 있는 곳이며, 배를 형상화한 독특한 외관의 모습만큼 내부 또한 스테인레스 등으로 아름답게 꾸며져 있기 때문에 관광객들이 즐겨 찾는 장소이다. 더불어 리베라 마켓 주변 다리와 어우러진 야경이 아름다워 좋은 뷰 포인트 및 포토 포인트가 되기도 한다. 오늘의 표현으로 리베라 마켓에서 인생 사진을 남겨보도록 하자!

미리보기

이번 랜드마크에서는 어떤 대화를 하는지 먼저 살펴볼까요?

원어민의 음성을 들어보세요.

Spain_18.mp3

1

A : Quiero saber del Mercado de la Ribera.

B : Es un mercado tradicional de Bilbao.

2

A : ¿Cómo es el Mercado de la Ribera?

B : Su exterior tiene vidrieras de cristal.

3

A : ¿Qué hay alrededor del mercado?

B : Hay un río y un puente.

1

A : 리베라 시장에 대해서 알고 싶어요.

B : 빌바오의 전통 시장이에요.

2

A : 리베라 시장은 어때요?

B : 외관에 스테인드 글라스들이 있어요.

3

A : 시장 근처에는 뭐가 있어요?

B : 강과 다리가 있어요.

준비하기

오늘의 주요 단어입니다.
학습을 시작하기 전에
단어부터 살펴보아요.

- quiero
  원하다, ~하고 싶다(Querer)
- saber 알다
- mercado 시장
- tradicional 전통적인, 전통의
- exterior 외관
- vidrieras de cristal
  스테인드 글라스
- alrededor de ~주변에
- mercado 시장
- río 강
- puente 다리
- lugar 장소
- zona 구역, 지역

실전여행

이 정도 한마디는
랜드마크에서 꼭 해보아요.
패턴으로 완벽 암기하세요.

Quiero saber de ~

~에 대해(관해) 알고 싶어요

- Quiero saber de Bilbao.
  빌바오에 대해 알고 싶어요.
- Quiero saber de la historia de España.
  스페인의 역사에 대해 알고 싶어요.
- Quiero saber de este lugar.
  이 장소에 대해 알고 싶어요.
- Quiero saber de aquella comida.
  저 음식에 대해 알고 싶어요.
- Quiero saber más de Usted.
  당신에 대해 더 알고 싶어요.

TIP

más'는 영어의 'more'에 해당하여,
'더'라는 의미로 사용합니다.

일지쓰기

랜드마크에서 대화한 내용을
떠올리며 빈칸을 채워보세요.

1

A : ¿________________ Mercado de la Ribera.

B : Es un mercado tradicional de Bilbao.

A : 리베라 시장에 대해서 알고 싶어요.

B : 빌바오의 전통 시장이에요.

2

A : ¿Cómo es el Mercado de la Ribera?

B : Su ____________ tiene vidrieras de cristal.

A : 리베라 시장은 어때요?

B : 외관에 스테인드 글라스들이 있어요.

3

A : ¿Qué hay ________________ mercado?

B : Hay un río y un puente.

A : 시장 근처에는 뭐가 있어요?

B : 강과 다리가 있어요.

정답

1 Quiero saber del

2 exterior

3 alrededor del

19

빌바오 (Bilbao) - 구시가지 (Casco Viejo)

오늘 배울 표현은 뭘 해야해요?

빌바오(Bilbao)는 세 개의 얼굴을 가지고 있다고 한다. 본래의 공업 단지로서의 모습과 예술 도시로서의 모습 그리고 옛 모습을 고스란히 간직하고 있는 구시가지의 모습이다. 웅장하고 아름다운 중세의 모습을 유지하고 있는 빌바오의 구시가지 역시 반드시 방문해야 하는 곳이다. 구시가지를 걷다 보면 아기자기한 규모의 'Plaza nueva(플라싸 누에바)' 광장을 지나가기 마련인데 현지인들과 관광객들에게 작은 휴식을 제공해주는 장소이다.

미리보기

이번 랜드마크에서는 어떤 대화를 하는지 먼저 살펴볼까요?

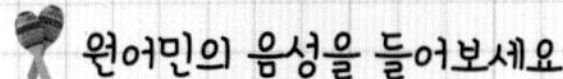

Spain_19.mp3

1

A : ¿Qué debo hacer en Bilbao?

B : Debes ir al Museo Guggenheim y al casco viejo.

2

A : ¿Cómo es el Casco Viejo?

B : No es muy grande pero es muy lindo.

3

A : ¿Qué hay en el Casco Viejo?

B : Están la Plaza Nueva, las cafeterías y los restaurantes.

1

A : 빌바오에서는 무엇을 해야 하나요?

B : 구겐하임 미술관과 구시가지에 가야 해요.

2

A : 구시가지 어때요?

B : 크지는 않지만 아주 매력적이에요.

3

A : 구시가지에 무엇이 있나요?

B : 누에바 광장, 카페들, 레스토랑들이 있어요.

준비하기

오늘의 주요 단어입니다.
학습을 시작하기 전에
단어부터 살펴보아요.

- debo ~해야 한다(deber)
- hacer 하다
- casco viejo 구시가지
- muy 아주
- grande 큰
- pero 그러나
- lindo 매력적인
- ahora 지금
- en ~안에(in)
- para ~하기 위해
- entrar 들어가다
- mañana 내일

실전여행

이 정도 한마디는
랜드마크에서 꼭 해보아요.
패턴으로 완벽 암기하세요.

TIP

deber 동사는 '~해야 한다'라는 의미이며 debo / debes / debe / debemos / debéis / deben 으로 동사변화를 한다.

¿Qué debo hacer ~? 뭘 해야 해요?

- ¿Qué debo hacer en esta ciudad?
  이 도시에서는 뭘 해야 해요?
- ¿Qué debo hacer en este lugar?
  이 장소에서는 뭘 해야 해요?
- ¿Qué debo hacer ahora?
  지금 뭘 해야 해요?
- ¿Qué debo hacer para entrar?
  들어가기 위해서 뭘 해야 해요?
- ¿Qué debo hacer mañana?
  내일 뭐 해야 해요?

일지쓰기

랜드마크에서 대화한 내용을 떠올리며 빈칸을 채워보세요.

1

A : ¿_______________________________ en Bilbao?

B : Debes ir al Museo Guggenheim y al casco viejo.

A : 빌바오에서는 무엇을 해야 하나요?

B : 구겐하임 미술관과 구시가지에 가야 해요.

2

A : ¿Cómo es el Casco Viejo?

B : No es muy ________________ pero es muy ________________.

A : 구시가지 어때요?

B : 크지는 않지만 아주 매력적이에요.

3

A : ¿Qué hay en el ______________________?

B : Están la Plaza Nueva, las cafeterías y los restaurantes.

A : 구시가지에 무엇이 있나요?

B : 누에바 광장, 카페들, 레스토랑들이 있어요.

정답

1 Qué debo hacer

2 grande, lindo

3 Casco Viejo

20 빌바오 (Bilbao) - 구겐하임 미술관 (El Museo Guggenheim)

오늘 배울 표현은 **몇 시에 ~하나요?**

스페인 북부 해안에 있는 항구 도시인 '빌바오'는 '산 아래에 있는 도시'라는 뜻이며, 지리적 특성으로 인해 철광석과 공업이 발달된 스페인에서 4번째로 큰 도시이다. 빌바오의 상징인 구겐하임 미술관은 1997년 세계적인 미술 재단 구겐하임이 설립하였고 이후 빌바오는 '미술의 도시' 또는 '예술의 도시'로 불리게 되었다. 미술관의 외관 전체가 티타늄으로 덮여 있으며, 전체적인 배치는 무질서해 보이지만 사실은 조각 맞추기처럼 일정한 규칙 하에 체계적으로 지어졌다. 스페인뿐만 아니라 유럽과 미국 등 세계 각국의 현대 미술을 발빠르게 접할 수 있는 장소로 자리 잡았으니 이 분야에 관심 있는 사람이라면 빠뜨리지 말고 방문해 보자.

미리보기

이번 랜드마크에서는
어떤 대화를 하는지
먼저 살펴볼까요?

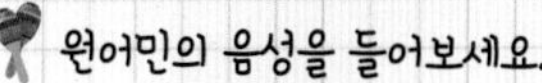

Spain_20.mp3

1

A : ¿A qué hora abre el Museo Guggenheim?

B : A las diez de la mañana.

2

A : ¿Abre toda la semana el museo?

B : No. No abre el lunes.

3

A : ¿Cuánto es el precio de entrada?

B : Once con 5 céntimos para los adultos.

1

A : 구겐하임 미술관은 몇 시에 열어요?

B : 오전 10시예요.

2

A : 미술관이 일주일 내내 여나요?

B : 아니요. 월요일에는 열지 않아요.

3

A : 입장료는 얼마예요?

B : 성인 11.5유로입니다.

준비하기

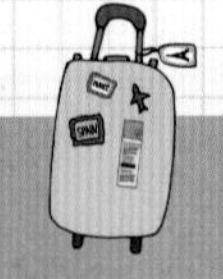

오늘의 주요 단어입니다.
학습을 시작하기 전에
단어부터 살펴보아요.

- A qué hora 몇 시에
- abre 열다(abrir)
- diez 숫자 10
- todo 모든
- lunes 월요일
- cuánto 얼마나(how many/much)
- precio de entrada 입장료
- adulto 성인
- aeropuerto 공항
- parte(partir) 출발하다
- abre(abrir) 열다
- empieza(empezar) 시작하다

실전여행

이 정도 한마디는
랜드마크에서 꼭 해보아요.
패턴으로 완벽 암기하세요.

¿A qué hora ~? 몇 시에 ~하나요?

- ¿A qué hora **cierra el museo?**
  미술관이 몇 시에 닫나요?
- ¿A qué hora **llega al aeropuerto?**
  공항에 몇 시에 도착하세요?
- ¿A qué hora **parte el tren?**
  기차가 몇 시에 출발해요?
- ¿A qué hora **abre el restaurante?**
  레스토랑이 몇 시에 열어요?
- ¿A qué hora **empieza el espectáculo?**
  공연이 몇 시에 시작해요?

TIP

A qué hora(At what time) ~' 표현에서 전치사를 dedse(~부터)나 hasta(~까지)로 바꾸어 'Desde qué hora(몇 시부터) ~' 혹은 'Hasta qué hora(몇 시까지) ~' 라는 표현으로도 활용할 수 있다.

일지쓰기

랜드마크에서 대화한 내용을 떠올리며 빈칸을 채워보세요.

1

A : ¿_____________ abre el Museo Guggenheim?

B : A las _________ de la mañana.

A : 구겐하임 미술관은 몇 시에 열어요?

B : 오전 10시예요.

2

A : ¿Abre _________ la semana el museo?

B : No. No abre el _________.

A : 미술관이 일주일 내내 여나요?

B : 아니요. 월요일에는 열지 않아요.

3

A : ¿Cuánto es el _____________?

B : Once con 5 céntimos para _________.

A : 입장료는 얼마예요?

B : 성인 11.5유로입니다.

정답

1 A qué hora, diez

2 toda, lunes

3 precio de entrada, los adultos.

기억하기

다음 빈칸에 들어갈 내용을 떠올리며
앞서 다녀온 랜드마크를 다시 기억해보세요.

17

오비에도 (Oviedo) **– 산타 마리아 성당** (Santa María del Naranco)

Podría ayudarme? 저를 도와주실래요?

- ¿Podría ayudarme ____________?
  지금 저를 도와주실래요?
- ¿Podría ayudarme ____________________ ?
  지금 당장 저를 도와주실래요?
- ¿Podría ayudarme ____________ ?
  이따가 저를 도와주실래요?
- ¿Podría ayudarme ________________ ?
  저를 조금 도와주실래요?
- ¿Podría ayudarme, ________________?
  제발 저를 도와주실래요?

정답

- ahora
- ahora mismo
- luego
- un poco
- por favor

18

빌바오 (Bilbao) **– 리베라 시장** (Mercado de la Ribera)

Quiero saber de ~ ~에 대해(관해) 알고 싶어요

- Quiero saber _____ Bilbao.
  빌바오에 대해 알고 싶어요.
- Quiero saber de ___________ de España.
  스페인의 역사에 대해 알고 싶어요.
- Quiero saber de ___________.
  이 장소에 대해 알고 싶어요.
- Quiero saber de ________________.
  저 음식에 대해 알고 싶어요.
- Quiero saber más de ________________________.
  당신에 대해 더 알고 싶어요.

정답

- de
- la historia
- este lugar
- aquella comida
- Usted

A : ¿Podría ayudarme ahora mismo?

B : ¿Qué pasa?

A : No puedo caminar ni un paso.

B : Ahora mismo te ayudo.

A : 지금 당장 저를 도와주실래요?

B : 무슨 일이에요?

A : 한 걸음도 걷지 못하겠어요.

B : 지금 바로 도와드릴게요.

A: Quiero saber de aquella comida.

B: Se llama ´Tortilla´

A: ¿Qué contiene?

B: Patatas, cebolla y huevos.

A: 저 음식에 대해 알고 싶어요.

B: '또르띠야'라고 해요.

A: 무엇을 포함하고 있나요?

B: 감자, 양파 그리고 달걀이요.

기억하기

다음 빈칸에 들어갈 내용을 떠올리며
앞서 다녀온 랜드마크를 다시 기억해보세요.

19

빌바오 (Bilbao) **– 구시가지** (Casco Viejo)

¿Qué debo hacer ~? 뭘 해야 해요?

- ¿Qué debo hacer en esta ______________?
  이 도시에서는 뭘 해야 해요?
- ¿Qué debo hacer en este ____________?
  이 장소에서는 뭘 해야 해요?
- ¿Qué debo hacer ____________?
  지금 뭘 해야 해요?
- ¿____________ debo hacer para entrar?
  들어가기 위해서 뭘 해야 해요?
- ¿Qué _______________________ mañana?
  내일 뭐 해야 해요?

정답

- ciudad
- lugar, ahora
- Qué
- debo hacer

20

빌바오 (Bilbao) **– 구겐하임 미술관** (El Museo Guggenheim)

¿A qué hora ~? 몇 시에 ~하나요?

- ¿A qué ___________ cierra el museo?
  미술관이 몇 시에 닫나요?
- ¿A qué hora llega al ____________________?
  공항에 몇 시에 도착하세요?
- ¿A ___________ hora parte el tren?
  기차가 몇 시에 출발해요?
- ¿A qué hora abre el __________________?
  레스토랑이 몇 시에 열어요?
- ¿__________ qué hora empieza el espectáculo?
  공연이 몇 시에 시작해요?

정답

- hora
- aeropuerto
- qué
- restaurante
- A

A : ¿Qué debo hacer mañana?

B : ¿Por qué no visitas el Casco Viejo?

A : ¿Vale la pena visitar ahí?

B : Por supuesto.

A : 내일 뭐 해야 해요?

B : 구시가지를 방문해보는 건 어때요?

A : 거기 방문할 가치가 있나요?

B : 물론이죠.

A : ¿A qué hora llega al aeropuerto?

B : A las once de la noche.

A : Entonces, puede usar el minibus del hotel.

B : Vale. Muchas gracias.

A : 공항에 몇 시에 도착하세요?

B : 밤 11시요.

A : 그럼, 호텔의 셔틀버스를 이용하실 수 있어요.

B : 알겠습니다. 정말 감사해요.

랜드마크 스페인어 여행
스페인 북부 2

스페인 북부
산티아고
오비에도
빌바오
21 미라마르 궁전
22 콘차 해변
23 팜플로나 대성당
24 꼰시스또리알 광장
25 까스띠요 광장

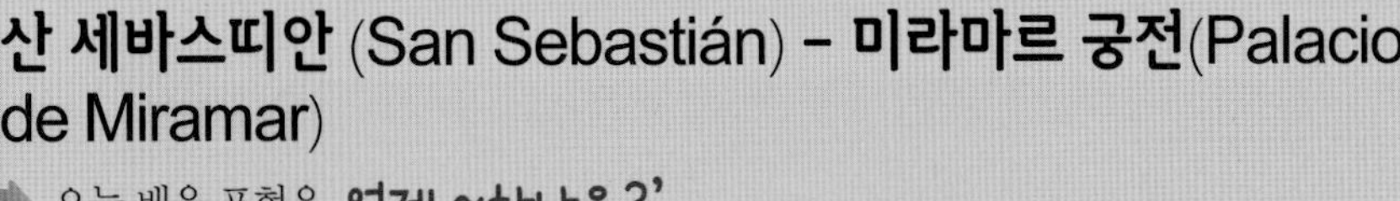

산 세바스띠안 (San Sebastián) - 미라마르 궁전(Palacio de Miramar)

오늘 배울 표현은 **언제 ~하나요?'**

산 세바스티안의 미라마르 궁전은 1885년 이후 스페인 국왕 알폰소 12세의 아내인 마리아 크리스티나가 매년 여름 휴가를 보내기 위해 찾았던 일종의 왕실 여름 별장이며, 규모가 크지 않아 대저택 정도로 보이기도 한다. 동화 속 모습처럼 따뜻한 색감의 벽돌로 이루어져 아름다울 뿐만 아니라 해안가에 위치하고 있어 주변 경치가 아주 멋지기 때문에 관광객들에게 인기가 높다. 정원이 아름답게 꾸며져 있어 관광객들 사이에서는 사진이 잘 나오는 곳으로도 인정 받고 있다. 궁전의 주 건물은 바스크의 음악학교 'musukene' 캠퍼스로 사용되고 대학의 썸머 스쿨이 개최되기도 한다.

미리보기

이번 랜드마크에서는
어떤 대화를 하는지
먼저 살펴볼까요?

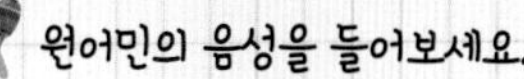

Spain_21.mp3

1

A : ¿Cuándo abre el palacio de miramar?

B : Desde las ocho de la mañana.

2

A : ¿Para quién se construyó el palacio?

B : Para Maria christina, la esposa de Alfonso X.

3

A : ¿Cuál es la dirección del palacio?

B : Número cuarenta y ocho del Paseo Miraconcha.

1

A : 미라마르 궁전은 언제 여나요?

B : 오전 8시부터요.

2

A : 궁전은 누구를 위한 것이었나요?

B : 알폰소 12세의 아내인 마리아 크리스티나를 위한 것이었어요.

3

A : 궁전 주소가 뭐예요?

B : 미라꼰차 대로 48번지예요.

준비하기

오늘의 주요 단어입니다.
학습을 시작하기 전에
단어부터 살펴보아요.

- Desde ~부터
- cuándo 언제(when)
- abre 열다(abrir)
- palacio 궁전
- ocho 숫자 8
- mañana 아침(내일)
- esposa 아내
- dirección 주소
- cuarenta 숫자 40
- Paseo 대로
- cierra(cerrar) 닫다
- viaja(viajar) 여행하다

실전여행

이 정도 한마디는
랜드마크에서 꼭 해보아요.
패턴으로 완벽 암기하세요.

¿Cuándo ~? 언제 ~하나요?

- ¿Cuándo cierra el palacio?
  언제 궁전이 닫나요?
- ¿Cuándo viaja?
  언제 여행가세요?
- ¿Cuándo nos encontramos?
  언제 우리가 (서로) 만나나요?
- ¿Cuándo llega Pedro?
  뻬드로가 언제 도착하나요?
- ¿Cuándo empieza la fiesta?
  언제 파티가 시작하나요?

TIP

3번째 문장 nos encontramos에서 nos는 상호의 Se 대명사로서, '우리가 서로'라는 의미로 사용되고 있습니다.

일지쓰기

랜드마크에서 대화한 내용을 떠올리며 빈칸을 채워보세요.

1

A : ¿______________ abre el palacio de miramar?

B : Desde las ______________ de la mañana.

A : 미라마르 궁전은 언제 여나요?

B : 오전 8시부터요.

2

A : ¿Para quién se construyó el ______________?

B : Para Maria christina, la ______________ de Alfonso X.

A : 궁전은 누구를 위한 것이었나요?

B : 알폰소 12세의 아내인 마리아 크리스티나예요.

3

A : ¿Cuál es la ___________________ del palacio?

B : Es número cuarenta y ocho del ____________ Miraconcha.

A : 궁전 주소가 뭐예요?

B : 미라꼰차 대로 48번지예요.

정답

1 Cuándo, ocho
2 palacio, esposa
3 dirección, Paseo

22 산 세바스띠안 (San Sebastian) - 콘차 해변 (Playa de la Concha)

오늘 배울 표현은 ~을/를 가지고 있나요?

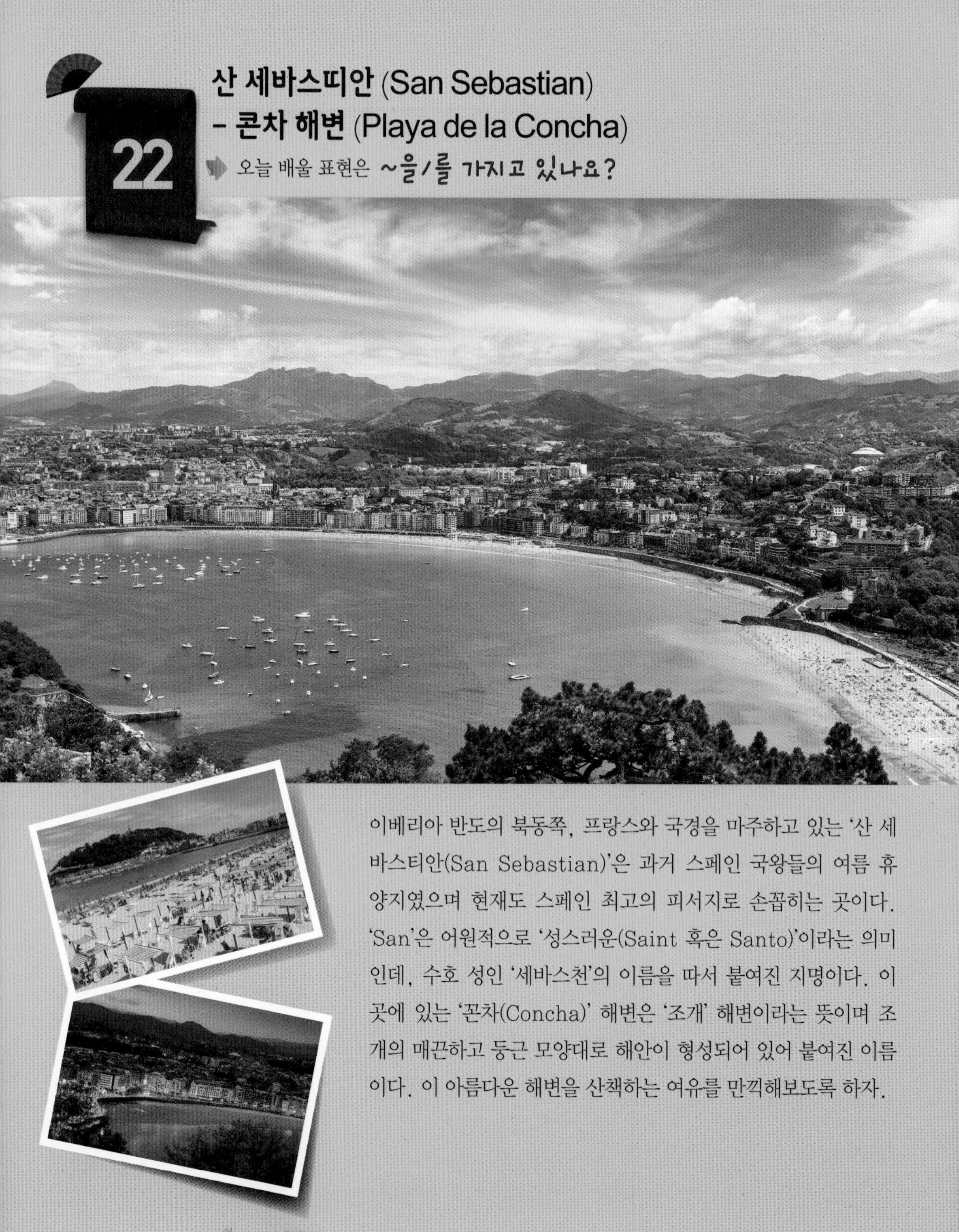

이베리아 반도의 북동쪽, 프랑스와 국경을 마주하고 있는 '산 세바스티안(San Sebastian)'은 과거 스페인 국왕들의 여름 휴양지였으며 현재도 스페인 최고의 피서지로 손꼽히는 곳이다. 'San'은 어원적으로 '성스러운(Saint 혹은 Santo)'이라는 의미인데, 수호 성인 '세바스천'의 이름을 따서 붙여진 지명이다. 이곳에 있는 '꼰차(Concha)' 해변은 '조개' 해변이라는 뜻이며 조개의 매끈하고 둥근 모양대로 해안이 형성되어 있어 붙여진 이름이다. 이 아름다운 해변을 산책하는 여유를 만끽해보도록 하자.

미리보기

이번 랜드마크에서는 어떤 대화를 하는지 먼저 살펴볼까요?

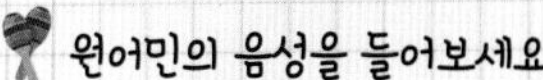

Spain_22.mp3

1

A : Disculpe. ¿Tiene protector solar?

B : Lo siento. No tengo.

2

A : ¿Cómo es la ciudad, San Sebastian?

B : Es una ciudad recreativa, muy limpia y tranquila.

3

A : ¿Qué significa 'concha'?

B : Significa 'Shellfish' en inglés.

1

A : 실례합니다. 자외선 차단제를 가지고 있나요?

B : 죄송합니다. 없어요.

2

A : 산 세바스티안 도시는 어때요?

B : 휴양 도시이고 아주 깨끗하고 한적해요.

3

A : '꼰차'는 무슨 뜻이에요?

B : 영어로는 'shellfish(조개)'라는 뜻이에요.

준비하기

오늘의 주요 단어입니다.
학습을 시작하기 전에
단어부터 살펴보아요.

- acaso 혹시
- tiene 가지고 있다(tener)
- protector solar 자외선 차단제
- recreativo 휴양의
- limpio 깨끗한
- tranquilo 한적한
- significa 의미하다(significar)
- bolígrafo 볼펜
- papel 종이, (휴지)
- toallitas húmedas 물티슈
- digestivo 소화제
- antidiarreico 지사제

실전여행

이 정도 한마디는
랜드마크에서 꼭 해보아요.
패턴으로 완벽 암기하세요.

TIP

tener 동사는 '가지다, 가지고 있다'라는 뜻으로 동사 변화는 tengo / tienes / tiene / tenemos / tenéis / tienen 이다.

¿Tiene ~? ~을/를 가지고 있나요?

- ¿Tiene bolígrafo?
  볼펜을 가지고 있나요?
- ¿Tiene papel?
  종이를 가지고 있나요?
- ¿Tiene toallitas húmedas?
  물티슈를 가지고 있나요?
- ¿Tiene digestivo?
  소화제를 가지고 있나요?
- ¿Tiene antidiarreicos?
  지사제를 가지고 있나요?

일지쓰기

랜드마크에서 대화한 내용을
떠올리며 빈칸을 채워보세요.

1

A : Disculpe. ¿____________ protector solar?

B : Lo siento. No tengo.

A : 실례합니다. 자외선 차단제를 가지고 있나요?

B : 죄송합니다. 없어요.

2

A : ¿Cómo es la ciudad, San Sebastian?

B : Es una ciudad ________________, muy ______________ y ________________.

A : 산 세바스티안 도시는 어때요?

B : 휴양 도시이고 깨끗하고 한적해요.

3

A : ¿Qué ________________ 'concha'?

B : ________________ 'Shellfish' en inglés.

A : '꼰차'는 무슨 뜻이에요?

B : 영어로는 'shellfish(조개)'라는 뜻이에요.

정답

1 Tiene

2 recreativa, limpia, tranquila

3 significa, Significa

23 팜플로나 (Pamplona) – 팜플로나 대성당 (Catedral de Pamplona)

오늘 배울 표현은 **~하고 싶어요**

스페인의 어느 도시든 대성당이 있기 마련이지만, 팜플로나 대성당은 그 규모만큼이나 많은 볼거리로 인정 받는 성당이다. 프랑스 고딕 양식이 주를 이루고 있는 이 성당은 14~15세기에 걸쳐 건설되어서 르네상스와 신고전주의 양식도 엿볼 수 있다. 내부에는 로마 시대 유적부터 스페인 전성기 시절의 종교 전시품들과 성물들이 보존되어 있다. 팜플로나 대성당을 통해 15세기 전 세계의 패권을 장악했던 스페인의 위상을 간접적으로 느껴보는 건 어떨까?

미리보기

이번 랜드마크에서는 어떤 대화를 하는지 먼저 살펴볼까요?

원어민의 음성을 들어보세요.

Spain_23.mp3

1

A : Quiero entrar a la catedral de Pamplona.

B : Debe pagar el precio de entrada.

2

A : ¿Qué es aquel edificio?

B : Es un museo de la catedral.

3

A : ¿Qué estillo tiene la catedral?

B : Es de estilo gótico y neoclásico.

1

A : 팜플로나 대성당에 들어가고 싶어요.

B : 입장료를 지불 하셔야 해요.

2

A : 저 건물은 뭐예요?

B : 성당의 박물관이에요.

3

A : 성당은 어떤 양식인가요?

B : 고딕과 신고전주의에요.

준비하기

오늘의 주요 단어입니다.
학습을 시작하기 전에
단어부터 살펴보아요.

- Quiero
  ~하고 싶다, 원하다(Querer)
- entrar 입장하다,들어가다
- el precio de entrada 입장료
- catedral 성당
- estillo 양식
- tiene(tener)
  가지다, 가지고 있다
- gótico 고딕
- neoclásico 신고전주의의
- comer 먹다
- comprar 사다
- baño 화장실
- estar 있다

실전여행

이 정도 한마디는
랜드마크에서 꼭 해보아요.
패턴으로 완벽 암기하세요.

Quiero ~ ~하고 싶어요

- Quiero comer esto.
  이거 먹고 싶어요.
- Quiero comprar eso.
  그거 사고 싶어요.
- Quiero ir al baño.
  화장실에 가고 싶어요.
- Quiero estar solo/a.
  혼자 있고 싶어요.
- Quiero hablar contigo.
  나 너랑 얘기하고 싶어.

TIP

'Quiero ~' 표현은 영어의 'want to' 표현과 쓰임이 같기 때문에 뒤에 동사원형을 동반한다.

일지쓰기

랜드마크에서 대화한 내용을 떠올리며 빈칸을 채워보세요.

1

A : ________________ entrar a la catedral de Pamplona.

B : Debe ________________ el precio de entrada.

A : 팜플로나 대성당에 들어가고 싶어요.

B : 입장료를 지불 하셔야 해요.

2

A : ¿Qué es aquel ________________?

B : Es un ________________ de la catedral.

A : 저 건물은 뭐예요?

B : 성당의 박물관이에요.

3

A : ¿Qué ________________ tiene la catedral?

B : Es de estilo ________________ y neoclásico.

A : 성당은 어떤 양식인가요?

B : 고딕과 신고전주의예요.

정답

1 Quiero, pagar

2 edificio, museo

3 estillo, gótico, neoclasicismo

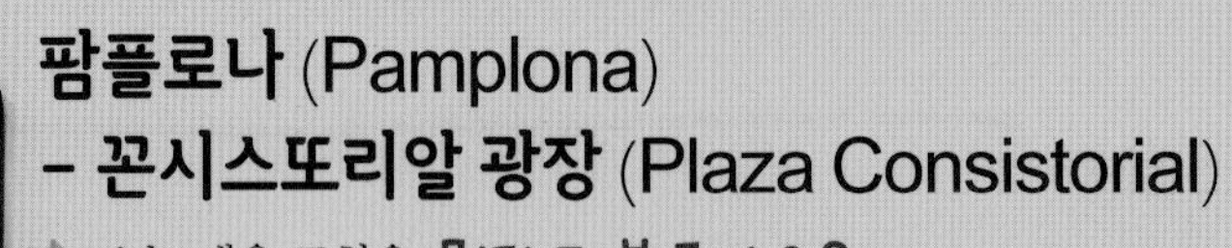

24 팜플로나 (Pamplona) - 꼰시스또리알 광장 (Plaza Consistorial)

오늘 배울 표현은 **뭐라고 부르나요?**

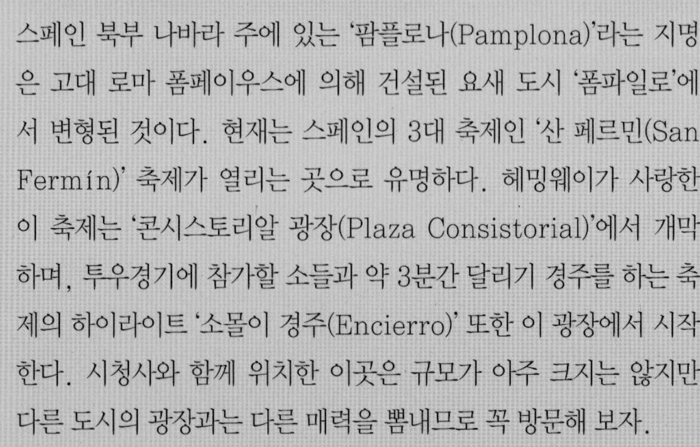

스페인 북부 나바라 주에 있는 '팜플로나(Pamplona)'라는 지명은 고대 로마 폼페이우스에 의해 건설된 요새 도시 '폼파일로'에서 변형된 것이다. 현재는 스페인의 3대 축제인 '산 페르민(San Fermín)' 축제가 열리는 곳으로 유명하다. 헤밍웨이가 사랑한 이 축제는 '콘시스토리알 광장(Plaza Consistorial)'에서 개막하며, 투우경기에 참가할 소들과 약 3분간 달리기 경주를 하는 축제의 하이라이트 '소몰이 경주(Encierro)' 또한 이 광장에서 시작한다. 시청사와 함께 위치한 이곳은 규모가 아주 크지는 않지만 다른 도시의 광장과는 다른 매력을 뽐내므로 꼭 방문해 보자.

미리보기

이번 랜드마크에서는 어떤 대화를 하는지 먼저 살펴볼까요?

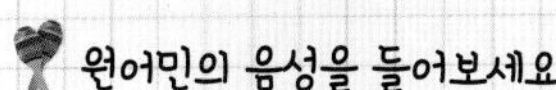

Spain_24.mp3

1

A : ¿Qué significa 'San Fermín'?

B : Es como Saint Fermín. 'Fermín' es un nombre personal.

2

A : ¿Aquí se inauguran las fiestas de San Fermín?

B : Sí. Cada año, en julio.

3

A : ¿Cómo se llama aquel edificio?

B : Es el Ayuntamiento de Pamplona.

1

A : '산 페르민'은 무슨 뜻인가요?

B : '세인트 페르민'과 같아요. '페르민'은 사람 이름이에요.

2

A : 여기서 산 페르민 축제가 개최되나요?

B : 네. 매년 7월이에요.

3

A : 저 건물을 뭐라고 부르나요?

B : 팜플로나 시청이에요.

준비하기

오늘의 주요 단어입니다.
학습을 시작하기 전에
단어부터 살펴보아요.

- aquel 저(that)
- edificio 건물
- ayuntamiento 시청
- cada 매번
- año 해, 년
- julio 7월
- como ~와 같은
- nombre 이름
- persona 사람
- este 이(this)
- se llama ~라고 불리우다(부르다)
- señor ~씨, ~군(남자 호칭)
- señora 아주머니(기혼)
- Señorita 아가씨(미혼)

이 정도 한마디는
랜드마크에서 꼭 해보아요.
패턴으로 완벽 암기하세요.

¿Cómo se llama~? 뭐라고 부르나요?

- ¿Cómo se llama este objeto?
  이 물건은 뭐라고 부르나요?
- ¿Cómo se llama esta comida?
  이 음식은 뭐라고 부르나요?
- Señor, ¿Cómo se dice ´apple´ en español?
  아저씨, 스페인어로 사과를 뭐라고 부르나요?
- Señora, ¿Cómo se llama esto en coreano?
  아주머니, 이것을 한국어로 뭐라고 부르나요?
- Señorita, ¿Cómo se llama eso en inglés?
  아가씨, 그것을 영어로 뭐라고 부르나요?

TIP

누군가를 부르는 호칭 없이, disculpe 혹은 perdón로 '실례합니다, 저기요'라는 표현을 사용할 수 있다.

일지쓰기

랜드마크에서 대화한 내용을
떠올리며 빈칸을 채워보세요.

1

A : ¿Qué significa 'San Fermín'?

B : Es ___________ Saint Fermín. 'Fermín' es un ___________ personal.

A : '산 페르민'은 무슨 뜻인가요?

B : '세인트 페르민'과 같아요. '페르민'은 사람 이름이에요.

2

A : ¿Aquí se inauguran las fiestas de San Fermín?

B : Sí. ___________________________.

A : 여기서 산페르민 축제가 개최되나요?

B : 네. 매년 7월이에요.

3

A : ¿______________________ aquel edificio?

B : Es el Ayuntamiento de Pamplona.

A : 저 건물은 뭐라고 부르나요?

B : 팜플로나 시청이에요.

정답

1 como, nombre

2 Cada año, en julio

3 Cómo se llama

기억하기

다음 빈칸에 들어갈 내용을 떠올리며
앞서 다녀온 랜드마크를 다시 기억해보세요.

21

산 세바스띠안 (San Sebastián) – **미라마르 궁전**(Palacio de Miramar)

¿Cuándo ~? 언제 ~하나요?

- ¿Cuándo cierra el ________________?
  언제 궁전이 닫나요?
- ¿Cuándo ________________?
  언제 여행하고 계세요?
- ¿Cuándo nos ________________?
  언제 우리가 (서로) 만나나요?
- ¿Cuándo ________________?
  빼드로가 언제 도착하나요?
- ¿________________ empieza la fiesta?
  언제 파티가 시작하나요?

정답

- palacio
- viaja
- encontramos
- llega Pedro
- Cuándo

22

산 세바스띠안 (San Sebastian) – **콘차 해변** (Playa de la Concha)

¿Tiene ~? ~을/를 가지고 있나요?

- ¿Tiene ________________?
  볼펜을 가지고 있나요?
- ¿Tiene ________________?
  종이를 가지고 있나요?
- ¿________________ toallitas húmedas?
  물티슈를 가지고 있나요?
- ¿Tiene ________________?
  소화제를 가지고 있나요?
- ¿Tiene ________________?
  지사제를 가지고 있나요?

정답

- bolígrafo
- papel
- Tiene
- digestivo
- antidiarreicos

A : ¿Cuándo quiere venir a España?

B : Hace un año.

A : ¿Por qué?

B : Porque quería sentir otra vez el calor de la vida.

A : 언제 스페인에 오고 싶었어요?

B : 일년 전부터요.

A : 왜요?

B : 인생의 뜨거움을 다시 느끼고 싶었기 때문이에요.

A : ¿Tiene algún digestivo?

B : ¿Tiene alguna problema?

A : Creo que sí.

B : Lo busco ahora.

A : 소화제를 가지고 있나요?

B : 문제 있으세요?

A : 그런 거 같아요.

B : 지금 찾아 볼게요.

기억하기

다음 빈칸에 들어갈 내용을 떠올리며
앞서 다녀온 랜드마크를 다시 기억해보세요.

23

팜플로나 (Pamplona) **– 팜플로나 대성당** (Catedral de Pamplona)

Quiero ~ ~하고 싶어요

- Quiero ________________ esto.
  이거 먹고 싶어요.
- Quiero ________________ eso.
  그거 사고 싶어요.
- Quiero ir al ______________.
  화장실에 가고 싶어요.
- Quiero ________________ solo/a.
  혼자 있고 싶어요.
- Quiero hablar __________________.
  나 너랑 얘기하고 싶어.

정답

- comer
- comprar
- baño
- estar
- contigo

24

팜플로나 (Pamplona) **– 꼰시스또리알 광장** (Plaza de Consistorial)

¿Cómo se llama~? 뭐라고 부르나요?

- ¿__________________ se llama este objeto?
  이 물건은 뭐라고 부르나요?
- ¿Cómo ____________________ esta comida?
  이 음식은 뭐라고 부르나요?
- Señor, ¿Cómo se llama ´apple´ _______________________?
  아저씨, 스페인어로 사과를 뭐라고 부르나요?
- Señora, ¿Cómo se llama esto ______________________?
  아주머니, 이것을 한국어로 뭐라고 부르나요?
- Señorita, ¿Cómo se llama eso _______________________?
  아가씨, 그것을 영어로 뭐라고 부르나요?

정답

- Cómo,
- se llama,
- en español,
- en coreano,
- en inglés

A : Disculpe. Una pregunta.

B : Sí. Dígame.

A : Es que... Quiero ir al baño.

B : Ah, Está a la izquierda.

A : 실례합니다. 질문이 하나 있어요.

B : 네. 말씀하세요.

A : 실은... 화장실에 가고 싶어요.

B : 아, 왼쪽에 있습니다.

A : Señor, ¿Cómo se llama ´apple´ en español?

B : Se dice 'manzana.'

A : ¿Podría deletrearlo?

B : Claro. M-A-N-Z-A-N-A.

A : 아저씨, 스페인어로 '애플'을 뭐라고 부르나요?

B : 'MANZANA'예요.

A : 저에게 스펠링을 알려주실 수 있나요?

B : 당연하죠. M-A-N-Z-A-N-A.

25 팜플로나 (Pamplona) – 까스띠요 광장 (Plaza del Castillo)

오늘 배울 표현은 **무엇을 선호하세요?**

팜플로나 도시의 중심지라고 할 수 있는 '까스티요 광장'은 '산 페르민 축제'와 같은 큰 행사부터 도시의 여러 축제들이 개최되는 장소이다. 축제 기간이 아니어도 크고 작은 행사들로 채워져 지루할 틈을 주지 않으며 1385년도에 지어져 오랜 역사를 품고 있다. 스페인 다른 도시의 광장들과 마찬가지로 만남의 장소 역할을 톡톡히 해내고 있으며 콘시스토리알 광장과 팜플로나 대성당 등 팜플로나 주요 명소들과 가까이 위치하고 있어 방문객들의 발길이 끊이지 않는 곳이다.

미리보기

이번 랜드마크에서는
어떤 대화를 하는지
먼저 살펴볼까요?

원어민의 음성을 들어보세요.

Spain_25.mp3

1

A : ¿Qué prefiere entre la plaza y el museo?

B : Pues... prefiero la plaza.

2

A : ¿Por qué prefiere la plaza al museo?

B : Porque quiero algo cotidiano.

3

A : ¿Te gusta la Plaza del Castillo?

B : Sí. Me gusta mucho.

1

A : 광장과 미술관 중에 무엇을 선호하세요?

B : 글쎄요… 광장을 선호합니다.

2

A : 왜 미술관보다 광장을 선호해요?

B : 일상적인 것을 원하기 때문이에요.

3

A : 까스티요 광장은 맘에 들어요?

B : 네. 아주 좋네요.

준비하기

오늘의 주요 단어입니다. 학습을 시작하기 전에 단어부터 살펴보아요.

- qué 무엇
- prefiere 선호하다(preferir)
- entre A y B A와 B 중에
- Por qué 왜
- Porque 왜냐하면
- algo 어떤 것(something)
- cotidiano 일상적인
- gusta(gustar) ~에게 즐거움을 주다, 좋아하다
- té 차(tea)
- café 커피
- comida 식사
- bebida 음료
- cerveza 맥주
- vino 와인

실전여행

이 정도 한마디는 랜드마크에서 꼭 해보아요. 패턴으로 완벽 암기하세요.

¿Qué prefiere ~? 무엇을 선호하세요?

- ¿Qué prefiere entre té y café?
  차와 커피 중에서 무엇을 선호하세요?
- ¿Qué prefiere entre comida y bebida?
  식사와 음료 중에 무엇을 선호하세요?
- ¿Qué prefiere entre esto y aquello?
  이것과 저것 중에 무엇을 선호하세요?
- ¿Qué prefiere entre el autobús y el taxi?
  버스와 택시 중에서 무엇을 선호하세요?
- ¿Qué prefiere entre la cerveza y el vino?
  맥주와 와인 중에 무엇을 선호하세요?

TIP

) preferir 동사는 비교를 나타내는 '~보다'라는 의미의 전치사 a와 함께 쓰이기도 한다.
ej) Prefiero el té al café. 저는 커피보다 차를 선호해요.

일지쓰기

랜드마크에서 대화한 내용을
떠올리며 빈칸을 채워보세요.

1

A : ¿____________________ la plaza y el museo?

B : Pues... prefiero la plaza.

A : 광장과 미술관 중에 무엇을 선호하세요?

B : 글쎄요... 광장을 선호합니다.

2

A : ¿____________________ la plaza al museo?

B : Porque quiero algo cotidiano.

A : 왜 미술관보다 광장을 선호해요?

B : 일상적인 것을 원하기 때문이에요.

3

A : ¿Te gusta la ____________ del Castillo?

B : Sí. Me gusta ____________.

A : 까스티요 광장은 맘에 들어요?

B : 네. 아주 좋네요.

정답

1 Qué prefiere entre

2 Por qué prefiere

3 Plaza, mucho

랜드마크 스페인어 여행
스페인 동부

스페인 동부
바르셀로나
27 람블라스 거리
29 몬주익 언덕
26 가우디 투어
28 보케리아 시장
30 비오파크 동물원
32 뚜리아 공원
발렌시아
33 과학예술종합단지
31 라론하 실크 교역소
35 팔마 대성당
마요르카
34 아레날 해변

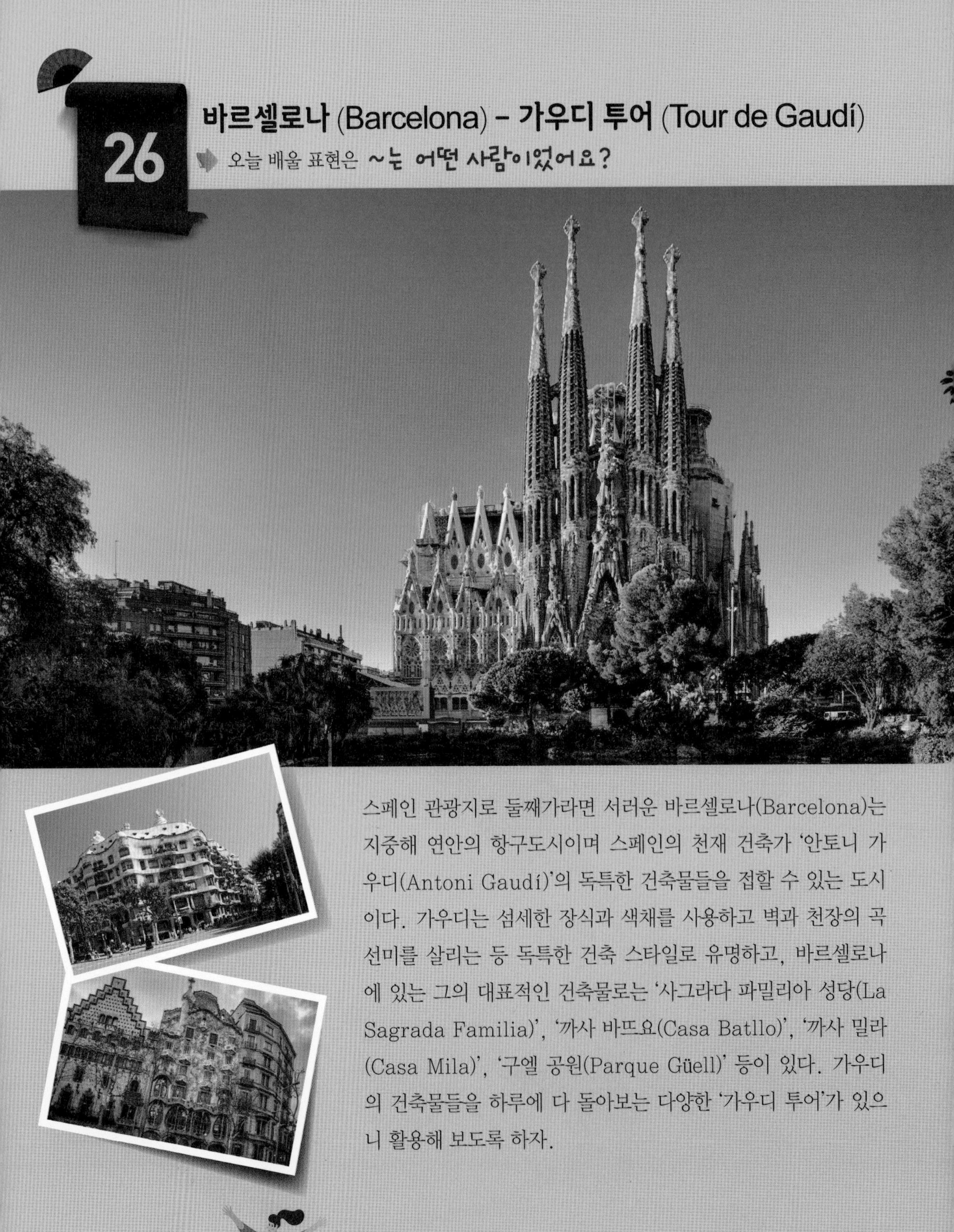

26 바르셀로나 (Barcelona) - 가우디 투어 (Tour de Gaudí)

오늘 배울 표현은 **~는 어떤 사람이었어요?**

스페인 관광지로 둘째가라면 서러운 바르셀로나(Barcelona)는 지중해 연안의 항구도시이며 스페인의 천재 건축가 '안토니 가우디(Antoni Gaudí)'의 독특한 건축물들을 접할 수 있는 도시이다. 가우디는 섬세한 장식과 색채를 사용하고 벽과 천장의 곡선미를 살리는 등 독특한 건축 스타일로 유명하고, 바르셀로나에 있는 그의 대표적인 건축물로는 '사그라다 파밀리아 성당(La Sagrada Familia)', '까사 바뜨요(Casa Batllo)', '까사 밀라(Casa Mila)', '구엘 공원(Parque Güell)' 등이 있다. 가우디의 건축물들을 하루에 다 돌아보는 다양한 '가우디 투어'가 있으니 활용해 보도록 하자.

미리보기

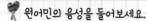

이번 랜드마크에서는 어떤 대화를 하는지 먼저 살펴볼까요?

원어민의 음성을 들어보세요.

Spain_26.mp3

1

A : ¿Cómo era Antonio Gaudí?

B : Era una persona genial.

2

A : ¿Qué construyó Gaudí?

B : Muchas cosas. La Catedral de Sagrada Familia, la Casa Mila, etcétera.

3

A : ¿Cuál es su lugar favorito de entre las construcciones de Gaudí?

B : Para mí, el Parque Güell.

1

A : 안토니오 가우디는 어떤 사람이었어요?

B : 천재적인 사람이었어요.

2

A : 가우디가 무엇을 건축했어요?

B : 정말 많아요. 사그라다 파밀리아 성당, 까사 밀라 등등.

3

A : 가우디 건축물 중에 가장 선호하는 장소가 어디예요?

B : 저에게는, 구엘 공원이요.

준비하기

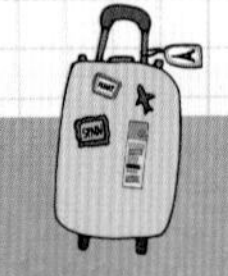

오늘의 주요 단어입니다.
학습을 시작하기 전에
단어부터 살펴보아요.

- cómo 어떻게(how)
- era
  ~였다(ser 동사의 불완료과거)
- construyó 건축했다
  (construir 건축하다 동사의 단순과거)
- casa 집
- construcción 건축
- lugar 장소
- favorito 선호하는
- este/esta 이 사람, 이것
- ese/esa 그 사람, 그것
- aquél/aquella 저 사람, 저것

실전여행

이 정도 한마디는
랜드마크에서 꼭 해보아요.
패턴으로 완벽 암기하세요.

¿Cómo era ~? ~는 어떤 사람이었어요?

- **¿Cómo era Picasso?**
  피카소는 어떤 사람이었어요?
- **¿Cómo era Alfonso doce?**
  알폰소 12세는 어떤 사람이었어요?
- **¿Cómo era este/esta?**
  이 사람(남/녀)은 어떤 사람이었어요?
- **¿Cómo era ese/esa?**
  그 사람(남/녀)은 어떤 사람이었어요?
- **¿Cómo era aquél/aquella?**
  저 사람(남/녀)은 어떤 사람이었어요?

TIP

ser 동사의 불완료과거형 era 대신 현재형 es로 바꾸면 '(~는) 어떤 사람이에요?'라는 현재 시점의 질문이 된다.

일지쓰기

랜드마크에서 대화한 내용을 떠올리며 빈칸을 채워보세요.

1

A : ¿_______________________ Antonio Gaudí?

B : Era una persona _________________.

A : 안토니오 가우디는 어떤 사람이었어요?

B : 천재적인 사람이었어요.

2

A : ¿Qué _______________________ Gaudí?

B : Muchas cosas. La Catedral de Sagrada Familia, la Casa Mila, etcétera.

A : 가우디가 무엇을 건축했어요?

B : 정말 많아요. 사그라다 파밀리아 성당, 까사 밀라 등등.

3

A : ¿Cuál es su _______________________ de entre las construcciones de Gaudí?

B : Para mí, el Parque Güell.

A : 가우디 건축물 중에 가장 선호하는 장소가 어디에요?

B : 저에게는, 구엘 공원이요.

정답

1 Cómo era, genial
2 construyó
3 lugar favorito

27 바르셀로나 (Barcelona) - 람블라스 거리 (Las Ramblas)

오늘 배울 표현은 **~라고 생각해요**

바르셀로나 구시가지에 있는 람블라스 거리(Las Ramblas)는 예술과 낭만이 있는 가로수길이다. 가운데 길을 중심으로 양쪽에 각종 상점, 기념품점, 노천 카페, 레스토랑 등이 즐비하다. 전 세계의 관광객들과 현지인들이 모이는 활력 넘치는 이 거리는 버스킹 공연과 각종 퍼포먼스로 눈과 귀를 즐겁게 한다. 시간대에 따라 여유로운 아침, 활기찬 점심, 낭만적인 저녁을 만날 수 있으므로 취향에 따라 여러 번 방문해 보는 것도 좋겠다.

미리보기

이번 랜드마크에서는 어떤 대화를 하는지 먼저 살펴볼까요?

원어민의 음성을 들어보세요.

Spain_27.mp3

1

A : ¿Cómo son Las Ramblas?

B : Creo que es muy animada.

2

A : ¿Qué hay en Las Ramblas?

B : Hay restaurantes, las cafeterías, las tiendas, etcétera.

3

A : ¿Cómo de largas son Las Ramblas?

B : Un kilómetro.

1

A : 람블라 거리는 어때요?

B : 아주 활기차다고 생각해요.

2

A : 람블라스 거리에 뭐가 있어요?

B : 레스토랑들, 카페들, 상점들 등등 있어요.

3

A : 람블라스 거리가 얼마나 길어요?

B : 약 1km예요.

준비하기

오늘의 주요 단어입니다.
학습을 시작하기 전에
단어부터 살펴보아요.

- **creo** ~라고 생각하다(creer)
- **que** ~하는(영어의 that)
- **hay** 있다(there is/are)
- **restaurante** 레스토랑
- **cafetería** 카페
- **tienda** 상점
- **etcétera** 등등
- **largo** 긴
- **divertido** 재밌는
- **salado** (맛이)짠
- **amable** 친절한
- **caro** 비싼

실전여행

이 정도 한마디는
랜드마크에서 꼭 해보아요.
패턴으로 완벽 암기하세요.

TIP

creer 동사는 '생각하다'라는 뜻으로, creo / crees / cree / creémos / creéis / creen으로 변화한다.

Creo que ~ ~라고 생각해요

- Creo que **es divertido.**
  재밌다고 생각해요.
- Creo que **es muy salado.**
  너무 짜다고 생각해요.
- Creo que **no es bueno.**
  좋지 않다고 생각해요.
- Creo que **es muy amable.**
  당신이 아주 친절하다고 생각해요.
- Creo que **es muy caro.**
  너무 비싸다고 생각해요.

일지쓰기 

▶ 랜드마크에서 대화한 내용을 떠올리며 빈칸을 채워보세요.

1

A : ¿Cómo son Las Ramblas?

B : ______________________ es muy animada.

A : 람블라 거리는 어때요?

B : 아주 활기차다고 생각해요.

2

A : ¿Qué hay en Las Ramblas?

B : Hay restaurantes, las cafeterías, las ________________, etcétera.

A : 람블라스 거리에 뭐가 있어요?

B : 레스토랑들, 카페들, 상점들 등등 있어요.

3

A : ¿Cómo de __________________ son Las Ramblas?

B : Un kilómetro.

A : 람블라스 거리가 얼마나 길어요?

B : 약 1km예요.

정답

1 Creo que
2 tiendas
3 largas

28 바르셀로나 (Barcelona) - 보케리아 시장 (La Boquería)

오늘 배울 표현은 **얼마예요?**

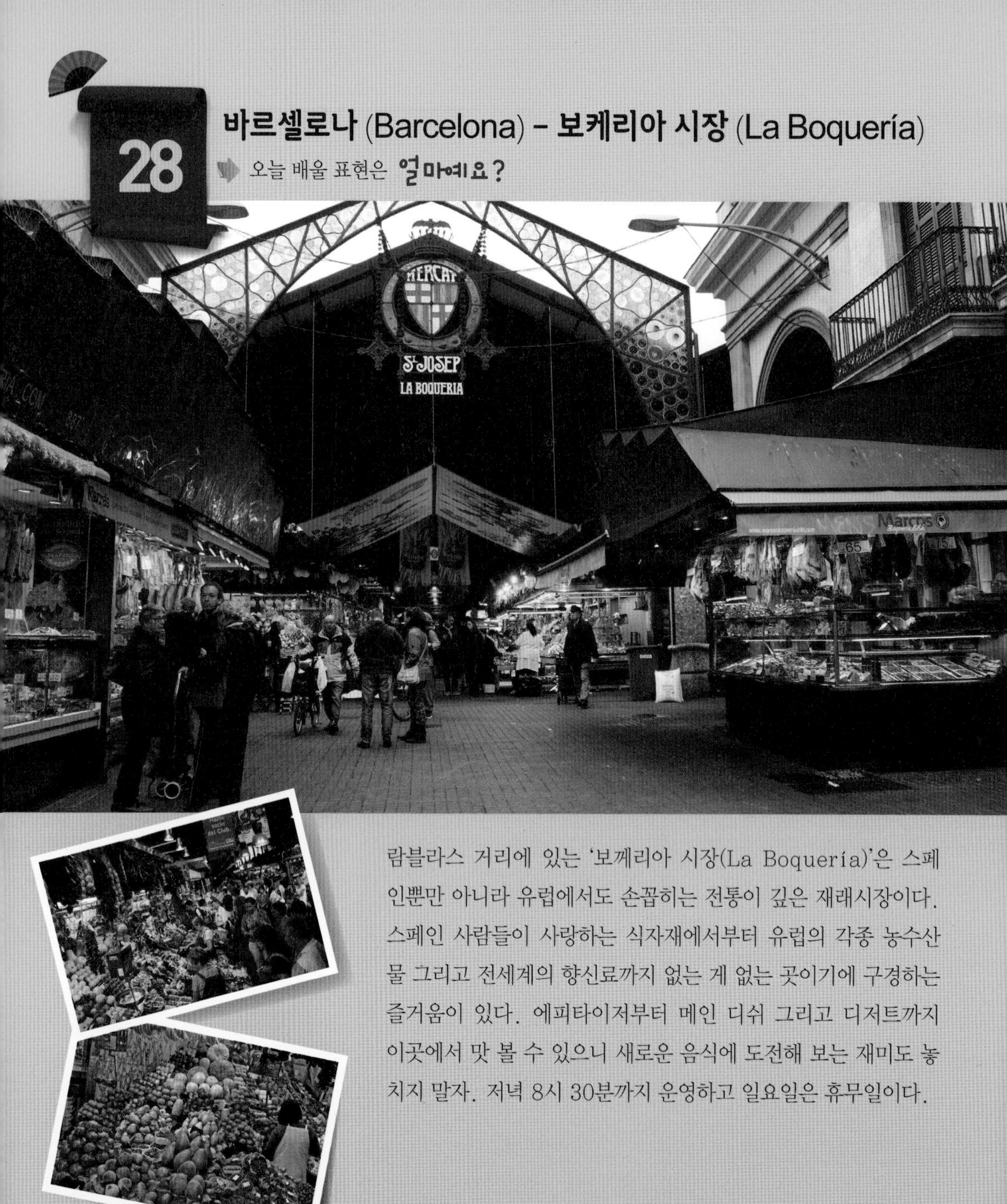

람블라스 거리에 있는 '보께리아 시장(La Boquería)'은 스페인뿐만 아니라 유럽에서도 손꼽히는 전통이 깊은 재래시장이다. 스페인 사람들이 사랑하는 식자재에서부터 유럽의 각종 농수산물 그리고 전세계의 향신료까지 없는 게 없는 곳이기에 구경하는 즐거움이 있다. 에피타이저부터 메인 디쉬 그리고 디저트까지 이곳에서 맛 볼 수 있으니 새로운 음식에 도전해 보는 재미도 놓치지 말자. 저녁 8시 30분까지 운영하고 일요일은 휴무일이다.

미리보기

이번 랜드마크에서는 어떤 대화를 하는지 먼저 살펴볼까요?

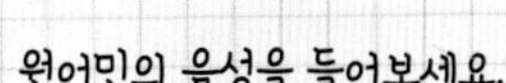

Spain_28.mp3

1

A : ¿Dónde está la Boquería?

B : Está cerca de las Ramblas.

2

A : ¿Cuánto es esto?

B : Son 10 euros.

3

A : ¿Qué horario tiene La Boquería?

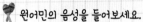

B : Desde las ocho de la mañana y hasta las ocho y media de la tarde.

1

A : 보케리아 시장은 어디에 있어요?

B : 람블라 거리 근처에 있어요.

2

A : 이거 얼마예요?

B : 10 유로예요.

3

A : 보케리아 시장 영업시간이 어떻게 돼요?

B : 오전 8시부터 오후 8시 반까지입니다.

준비하기

오늘의 주요 단어입니다.
학습을 시작하기 전에
단어부터 살펴보아요.

- **dónde** 어디(where)
- **cerca de** ~가까이에
- **cuánto** 얼마나(How many/much)
- **esto** 이것
- **horario** 영업시간
- **tiene** 가지다(Tener)
- **mañana** 오전
- **tarde** 오후
- **ocho** 숫자 8
- **media** 절반, 30분
- **en total** 총
- **descuento** 할인

실전여행

이 정도 한마디는
랜드마크에서 꼭 해보아요.
패턴으로 완벽 암기하세요.

¿Cuánto es ~? 얼마예요?

- ¿Cuánto es **en total?**
  총 얼마예요?
- ¿Cuánto es **con descuento?**
  할인해서 얼마예요?
- ¿Cuánto es **esto/eso/aquello?**
  이거/그거/저거 얼마예요?
- ¿Cuánto es **en efectivo?**
  현금으로는 얼마예요?
- ¿Cuánto es **1 euro en 'wones'?**
  1유로는 '원'으로 얼마예요?

TIP

가격을 물어보는 대상이 복수라면 ¿Cuánto son?으로 물을 수 있다.

일지쓰기

랜드마크에서 대화한 내용을
떠올리며 빈칸을 채워보세요.

1

A : ¿Dónde está la Boquería?

B : Está ____________________ las Ramblas.

A : 보케리아 시장은 어디에 있어요?

B : 람블라 거리 근처에 있어요.

2

A : ¿____________________ esto?

B : Son 10 euros.

A : 이거 얼마예요?

B : 10 유로예요.

3

A : ¿Qué ______________ tiene La Boquería?

B : Desde las ______________ de la mañana y hasta las y ______________ de la tarde.

A : 보케리아 시장 영업시간이 어떻게 돼요?

B : 오전 8시부터 오후 8시 반까지입니다.

정답

1 cerca de

2 Cuánto es

3 horario, media

기억하기

다음 빈칸에 들어갈 내용을 떠올리며
앞서 다녀온 랜드마크를 다시 기억해보세요.

25 팜플로나 (Pamplona) – 까스띠요 광장 (Plaza del Castillo)

¿Qué prefiere ~? 무엇을 선호하세요?

- ¿Qué prefiere entre ______________ y café?
  차와 커피 중에서 무엇을 선호하세요?
- ¿Qué prefiere entre comida y ________________?
  식사와 음료 중에 무엇을 선호하세요?
- ¿____________________________ entre esto y aquello?
  이것과 저것 중에 무엇을 선호하세요?
- ¿Qué prefiere ______________ el autobús y el taxi?
  버스와 택시 중에서 무엇을 선호하세요?
- ¿Qué prefiere entre la ________________ y el vino?
  맥주와 와인 중에 무엇을 선호하세요?

정답

- té
- bebida
- Qué prefiere
- entre
- cerveza

26 바르셀로나 (Barcelona) – 가우디 투어 (Tour de Gaudí)

¿Cómo era ~? ~는 어떤 사람이었어요?

- ¿Cómo ________________ Picasso?
  피카소는 어떤 사람이었어요?
- ¿____________________ era Alfonso doce?
  알폰소 12세는 어떤 사람이었어요?
- ¿Cómo era ______________________________?
  이 사람(남/녀)은 어떤 사람이었어요?
- ¿Cómo era ______________________________?
  그 사람(남/녀)은 어떤 사람이었어요?
- ¿Cómo era ______________________________?
  저 사람(남/녀)은 어떤 사람이었어요?

정답

- era
- Cómo
- este/esta
- ese/esa
- aquél/aquella

A : ¿Qué prefiere entre la cerveza y el vino?

B : Hmm....... Es muy difícil.

A : Yo, en verano, cerveza y en invierno, vino.

B : Ja ja. Puede ser.

A : 맥주와 와인 중에 어느 것을 선호하세요?

B : 흠... 아주 어렵네요.

A : 저는 여름에는 맥주, 겨울에는 와인이요.

B : 하하. 그럴 수 있겠어요.

A : ¿Cómo era Picasso?

B : Era una persona genial.

A : ¿Cuál es su obra favorita de Picasso?

B : Es 'Paisaje Mediterráneo.'

A : 피카소는 어떤 사람이었어요?

B : 천재적인 사람이었어요.

A : 피카소 작품 중에서 어떤 작품을 선호하세요?

B : '지중해 풍경'이에요.

기억하기

다음 빈칸에 들어갈 내용을 떠올리며
앞서 다녀온 랜드마크를 다시 기억해보세요.

27

바르셀로나 (Barcelona) – 람블라스 거리 (Las Ramblas)

Creo que ~ ~라고 생각해요

- Creo que es ____________________.
  재밌다고 생각해요.
- Creo que es muy ________________.
  너무 짜다고 생각해요.
- Creo que no es __________________.
  좋지 않다고 생각해요.
- Creo que es muy ________________.
  당신이 아주 친절하다고 생각해요.
- Creo que es muy ________________.
  너무 비싸다고 생각해요.

정답

- divertido
- salado
- bueno
- amable
- caro

바르셀로나 (Barcelona) – 보케리아 시장 (La Boquería)

¿Cuánto es ~? 얼마예요?

- ¿Cuánto es ____________________?
  총 얼마예요?
- ¿Cuánto es ________________________?
  할인해서 얼마예요?
- ¿Cuánto es esto/eso/aquello?
  이거/그거/저거 얼마예요?
- ¿Cuánto es en efectivo?
  현금으로는 얼마예요?
- ¿Cuánto es 1 euro _______________?
  1유로는 '원'으로 얼마예요?

정답

- en total
- con descuento
- en 'wones'

A : Creo que es muy salado.

B : Perdón. ¿Quiere hacerlo de nuevo?

A : Sí. Menos sal, por favor.

B : Vale. Espera un momento.

A : 맛이 너무 짜다고 생각해요.

B : 죄송합니다. 새로 해드릴까요?

A : 네. 덜 짜게 해주세요.

B : 알겠습니다. 잠시만 기다려주세요.

A : ¿Cuánto es?

B : Son 50 euros.

A : Un descuento, por favor.

B : No puedo.

A : 이거 얼마예요?

B : 50유로예요.

A : 할인해주세요.

B : 그럴 수 없어요.

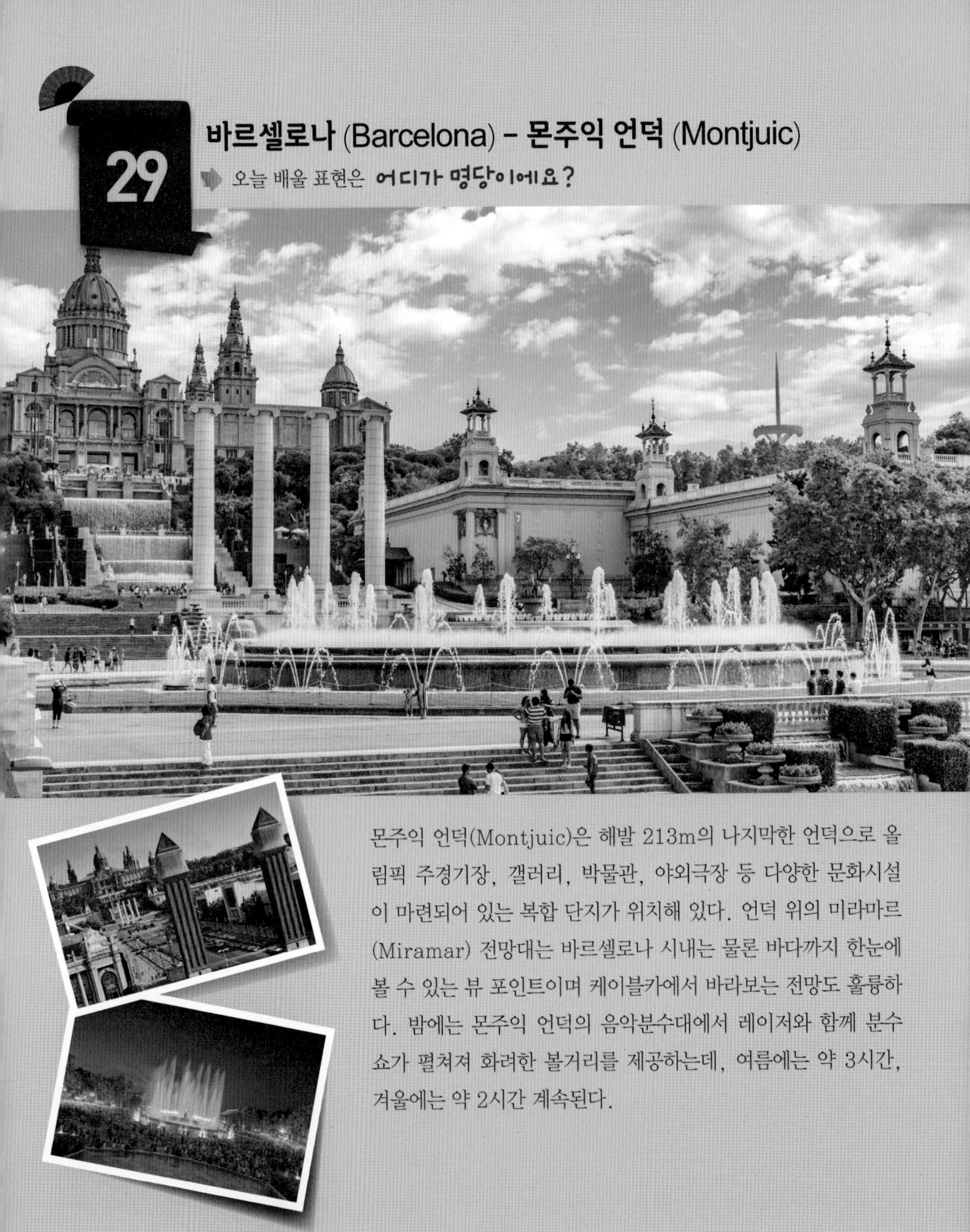

29

바르셀로나 (Barcelona) - 몬주익 언덕 (Montjuic)

오늘 배울 표현은 **어디가 명당이에요?**

몬주익 언덕(Montjuic)은 해발 213m의 나지막한 언덕으로 올림픽 주경기장, 갤러리, 박물관, 야외극장 등 다양한 문화시설이 마련되어 있는 복합 단지가 위치해 있다. 언덕 위의 미라마르(Miramar) 전망대는 바르셀로나 시내는 물론 바다까지 한눈에 볼 수 있는 뷰 포인트이며 케이블카에서 바라보는 전망도 훌륭하다. 밤에는 몬주익 언덕의 음악분수대에서 레이저와 함께 분수쇼가 펼쳐져 화려한 볼거리를 제공하는데, 여름에는 약 3시간, 겨울에는 약 2시간 계속된다.

미리보기

이번 랜드마크에서는 어떤 대화를 하는지 먼저 살펴볼까요?

원어민의 음성을 들어보세요.

Spain_29.mp3

1

A : ¿Es esta la colina Montjuic?

B : Sí. Aquí es.

2

A : ¿Dónde está la fuente?

B : Está abajo.

3

A : ¿Cuál es el mejor lugar para ver la Fuente Mágica?

B : Creo que es más abajo desde aquí.

1

A : 여기가 몬주익 언덕인가요?

B : 네. 여기입니다.

2

A : 분수는 어디에 있나요?

B : 아래에 있어요.

3

A : 분수쇼를 보기에 어디가 명당인가요?

B : 여기서 더 아래라고 생각해요.

준비하기

오늘의 주요 단어입니다.
학습을 시작하기 전에
단어부터 살펴보아요.

- aquí 여기
- colina 언덕
- fuente 분수
- abajo 아래(에)
- el mejor 최고(의)
- lugar 장소
- ver 보다
- Fuente Mágica 분수쇼
- vista 전망
- vista nocturna 야경
- descansar 휴식하다
- tomar una foto 사진 찍다

실전여행

이 정도 한마디는
랜드마크에서 꼭 해보아요.
패턴으로 완벽 암기하세요.

¿Cuál el mejor lugar ~? 어디가 명당이에요?

- ¿Cuál el mejor lugar **por aquí?**
  이쪽에서 어디가 명당이에요?
- ¿Cuál el mejor lugar **para descansar?**
  휴식하기에 어디가 명당이에요?
- ¿Cuál el mejor lugar **para tomar una foto?**
  사진 찍기에 어디가 명당이에요?
- ¿Cuál el mejor lugar **para contemplar las vistas?**
  전망을 보기에 어디가 명당이에요?
- ¿Cuál el mejor lugar **contemplar la vista nocturna?**
  야경을 보기에 어디가 명당이에요?

TIP

por 전치사는 영어의 by에 해당하여 주로 이유, 수단을 나타내며 para 전치사는 영어의 for에 해당하여 주로 목적, 방향성을 나타냅니다.

일지쓰기

랜드마크에서 대화한 내용을
떠올리며 빈칸을 채워보세요.

1

A : ¿Es esta la ________________ Montjuic?

B : Sí. Aquí es.

A : 여기가 몬주익 언덕인가요?

B : 네. 여기입니다.

2

A : ¿Dónde está la ____________________?

B : Está ________________.

A : 분수는 어디에 있나요?

B : 아래에 있어요.

3

A : ¿Cuál es ______________________ para ver la Fuente Mágica?

B : Creo que es más abajo desde aquí.

A : 분수쇼를 보기에 어디가 명당인가요?

B : 여기서 더 아래라고 생각해요.

정답

1 colina

2 fuente, abajo

3 el mejor lugar

30 발렌시아 (Valencia) - 비오파크 동물원 (Bioparque de Valencia)

오늘 배울 표현은 ~하는 중이에요

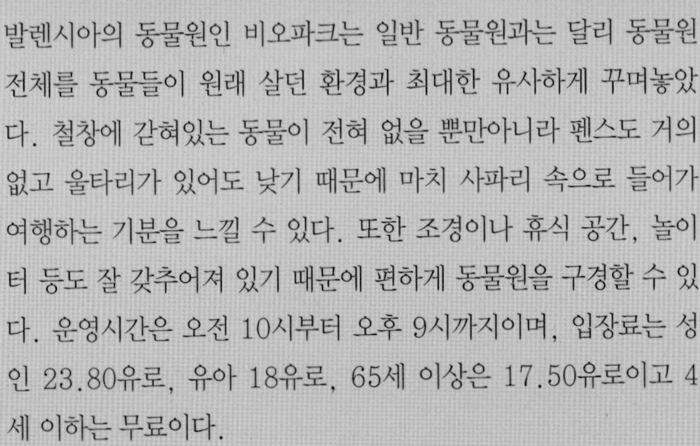

발렌시아의 동물원인 비오파크는 일반 동물원과는 달리 동물원 전체를 동물들이 원래 살던 환경과 최대한 유사하게 꾸며놓았다. 철창에 갇혀있는 동물이 전혀 없을 뿐만아니라 펜스도 거의 없고 울타리가 있어도 낮기 때문에 마치 사파리 속으로 들어가 여행하는 기분을 느낄 수 있다. 또한 조경이나 휴식 공간, 놀이터 등도 잘 갖추어져 있기 때문에 편하게 동물원을 구경할 수 있다. 운영시간은 오전 10시부터 오후 9시까지이며, 입장료는 성인 23.80유로, 유아 18유로, 65세 이상은 17.50유로이고 4세 이하는 무료이다.

미리보기

이번 랜드마크에서는
어떤 대화를 하는지
먼저 살펴볼까요?

원어민의 음성을 들어보세요.

Spain_30.mp3

1

A : ¿Qué animales hay en Bioparque?
B : Hay casi todos los animales.

2

A : ¿Qué animal le gusta?
B : Me gusta el tigre.

3

A : Mira. El oso está jugando.
B : ¡Qué mono!

1

A : 비오파크에 어떤 동물들이 있나요?
B : 거의 모든 동물들이 있어요.

2

A : 어떤 동물 좋아하세요?
B : 저는 호랑이를 좋아해요.

3

A : 봐봐요. 곰이 놀고 있는 중이에요.
B : 너무 귀여워요!

준비하기

오늘의 주요 단어입니다.
학습을 시작하기 전에
단어부터 살펴보아요.

- animal 동물
- están 있다(estar)
- casi 거의
- todo 모든
- le gusta 당신이 좋아하다
- me gusta 내가 좋아하다
- tigre 호랑이
- oso 곰
- gente 사람들
- él 그(he)
- ella 그녀(she)
- Usted 당신(존칭)

실전여행

이 정도 한마디는
랜드마크에서 꼭 해보아요.
패턴으로 완벽 암기하세요.

Estar -ando/-iendo ~하는 중이에요

- Estoy esperando el taxi.

(저는) 택시를 기다리는 중이에요.

- ¿Está viajando por Europa?

(너는) 유럽 여행하는 중이니?

- ¿Qué está haciendo él/ella/Usted?

그/그녀/당신은(는) 뭐 하는 중이에요?

- Estamos charlando.

우리는 수다 떨고 있는 중이에요.

- ¿Qué estáis buscando?

너네 뭐 찾는 중이니?

- Están escribiendo algo.

그들은 뭔가를 적고 있어요.

TIP

스페인어 현재진행형 표현은 'estar 상태 동사+현재분사'로 표현합니다. 스페인어 현재 분사는 -ar동사는 -ando, -er&-ir동사는 -iendo로 어미변화를 합니다.

일지쓰기

랜드마크에서 대화한 내용을 떠올리며 빈칸을 채워보세요.

1

A : ¿Qué ________________ hay en Bioparque?

B : Hay ____________ todos los animales.

A : 비오파크에 어떤 동물들이 있나요?

B : 거의 모든 동물들이 있어요.

2

A : ¿Qué animal ________________?

B : ________________ el tigre.

A : 어떤 동물 좋아하세요?

B : 저는 호랑이를 좋아해요.

3

A : Mira. El oso ________________?

B : ¡Qué mono!

A : 봐봐요. 곰이 놀고 있는 중이에요.

B : 너무 귀여워요!

정답

1 animales, casi

2 le gusta, Me gusta

3 está jugando

31 발렌시아 (Valencia) – 라론하 실크 교역소 (La Lonja de la Seda)

오늘 배울 표현은 ~ 맞아요?

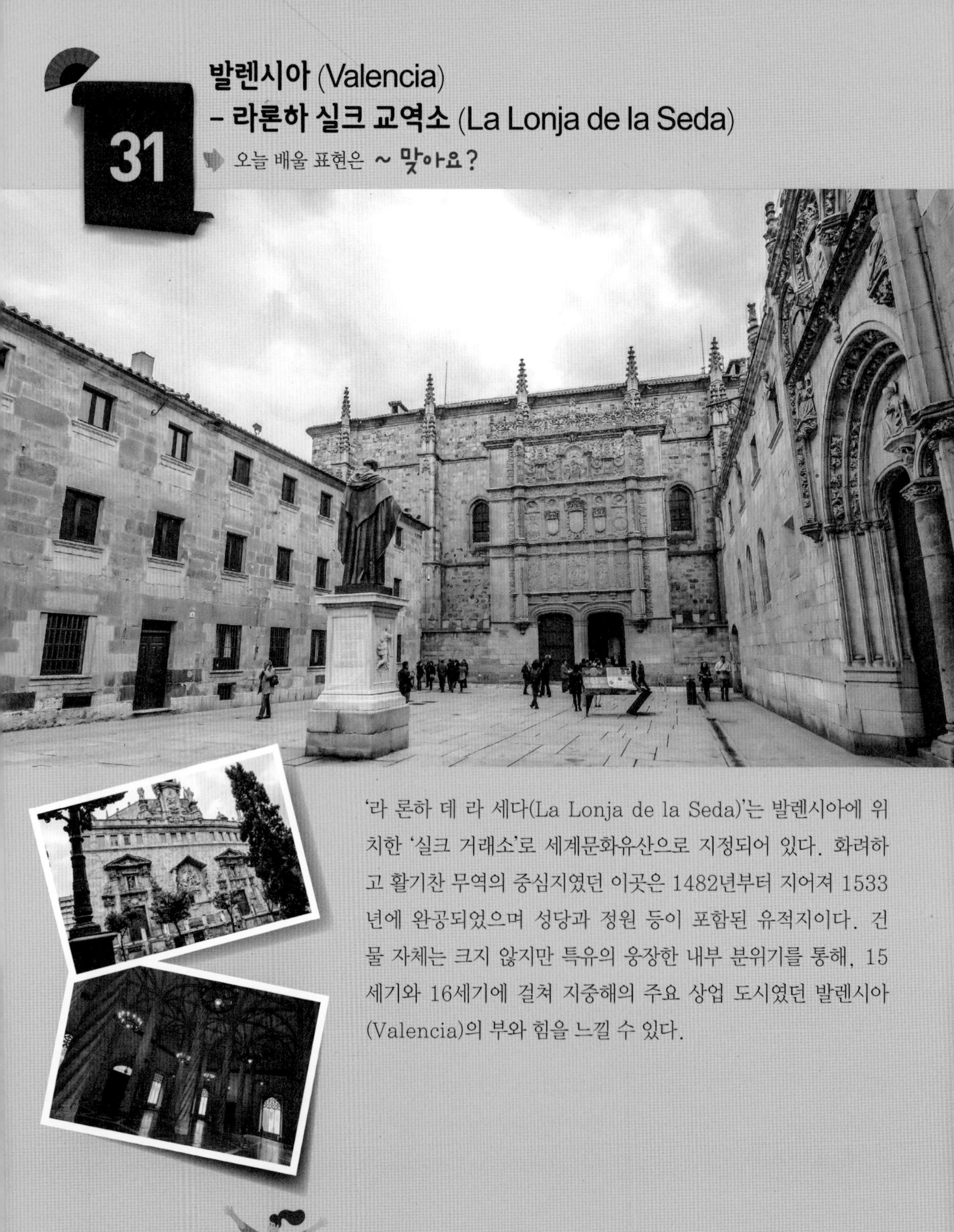

'라 론하 데 라 세다(La Lonja de la Seda)'는 발렌시아에 위치한 '실크 거래소'로 세계문화유산으로 지정되어 있다. 화려하고 활기찬 무역의 중심지였던 이곳은 1482년부터 지어져 1533년에 완공되었으며 성당과 정원 등이 포함된 유적지이다. 건물 자체는 크지 않지만 특유의 웅장한 내부 분위기를 통해, 15세기와 16세기에 걸쳐 지중해의 주요 상업 도시였던 발렌시아(Valencia)의 부와 힘을 느낄 수 있다.

미리보기

이번 랜드마크에서는 어떤 대화를 하는지 먼저 살펴볼까요?

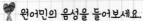

원어민의 음성을 들어보세요.

Spain_31.mp3

1

A : ¿Está La Lonja de la Seda en Valencia?

B : Sí. Es un sitio muy hermoso.

2

A : ¿'Seda' significa 'Silk' en inglés, verdad?

B : Sí. Exacto.

3

A : Quiero saber el horario.

B : De las nueve y media a las siete.

1

A : 발렌시아에 실크 거래소가 있죠?

B : 네. 정말 아름다운 장소예요.

2

A : '세다'가 영어로 '실크'를 의미하는 거, 맞나요?

B : 네. 정확해요.

3

A : 운영 시간을 알고 싶어요.

B : 9시 반부터 7시예요.

준비하기

오늘의 주요 단어입니다.
학습을 시작하기 전에
단어부터 살펴보아요.

- sitio 장소
- muy 아주
- hermoso 아름다운
- significa 의미하다(significar)
- inglés 영어
- verdad 사실
- Exacto 정확한
- Quiero ~하고 싶다
- saber 알다
- horario 운영시간
- nueve 숫자 9
- siete 숫자 7

실전여행

이 정도 한마디는
랜드마크에서 꼭 해보아요.
패턴으로 완벽 암기하세요.

¿~, verdad? ~ 맞아요?

- ¿Valencia es la tercera ciudad más importante, verdad?
  발렌시아가 스페인 3대 도시 맞아요?
- ¿Está La Lonja de la Seda por aquí, verdad?
  실크 무역소가 이쪽에 있는 거 맞아요?
- ¿La Lonja de la Seda abre hasta las siete, verdad?
  실크 거래소가 7시까지 열어요, 맞죠?
- ¿Este es el restaurante famoso, verdad?
  여기가 그 유명한 레스토랑 맞아요?
- ¿Allí es la parada de taxi, verdad?
  저기가 택시 정류장이죠, 맞나요?

TIP

verdad은 '사실'이라는 의미의 명사 표현인데 회화체에서는 문장의 끝에 쓰여 '사실이에요? / 정말이에요? / 맞아요?' 라는 의미로 사용된다.

일지쓰기 

랜드마크에서 대화한 내용을 떠올리며 빈칸을 채워보세요.

1

A : ¿Está La Lonja de la ________________ en Valencia?

B : Sí. Es un sitio muy hermoso.

A : 발렌시아에 실크 거래소가 있죠?

B : 네. 정말 아름다운 장소예요.

2

A : ¿'Seda' significa 'Silk' en inglés, ________________?

B : Sí. Exacto.

A : '세다'가 영어로 '실크'를 의미하는 거, 맞나요?

B : 네. 정확해요.

3

A : Quiero saber el horario.

B : De las ________________ y media a las ________________.

A : 운영 시간을 알고 싶어요.

B : 9시 반부터 7시예요.

정답

1 Seda

2 verdad

3 nueve, siete

발렌시아 (Valencia) - 뚜리아 공원 (Jardín del Turia)

오늘 배울 표현은 **만약 ~라면**

뚜리아 공원(Jardín del Turia)은 발렌시아의 남북을 관통하는 약 7km 길이의 공원으로 스페인 전역에서 가장 큰 공원이다. 이곳은 본래 강이었는데, 1957년에 일어난 대홍수 이후에 강을 막아 공원으로 조성했고 현재 발렌시아 주민들에게 좋은 휴식처가 되고 있다. 예술과학종합도시(La Ciudad de las artes y las ciencias) 또한 이 공원 내에 있으며 동물원(Bioparc)도 포함하고 있어 남녀노소 모두에게 사랑 받는 장소이다.

미리보기

이번 랜드마크에서는 어떤 대화를 하는지 먼저 살펴볼까요?

원어민의 음성을 들어보세요.

Spain_32.mp3

1

A : ¿Cómo de largo es el jardín de Turia?

B : Tiene casi siete kilómetros.

2

A : ¿Este parque era un río, verdad?

B : Sí. Antes de la inundación.

3

A : Si vivo en Valencia, voy a venir aquí todos los días.

B : Yo también.

1

A : 뚜리아 공원이 얼마나 긴가요?

B : 거의 7 킬로미터예요.

2

A : 이 공원은 원래 강이었어요, 맞나요?

B : 네. 홍수 전에요.

3

A : 만약 발렌시아에 산다면, 매일 이곳에 올 거예요.

B : 저도요.

준비하기

오늘의 주요 단어입니다.
학습을 시작하기 전에
단어부터 살펴보아요.

- tiene(Tener) 가지다, 가지고 있다
- largo 긴
- jardín 정원
- parque 공원
- era ~였다(Ser 동사의 불완료과거)
- río 강
- antes de ~이전에
- inundación 홍수
- si 만약 ~라면
- ir a 동사원형 ~할 것이다
- todos los días 매일
- Yo también 나도. (Me too)

실전여행

이 정도 한마디는
랜드마크에서 꼭 해보아요.
패턴으로 완벽 암기하세요.

TIP

sí는 '네(yes)'이고 si는 '~라면(If)'이기 때문에 악센트의 유무에 따른 의미 차이를 꼭 기억해 두자.

Si ~ 만약 ~라면

- Si tengo más tiempo, estaré aquí más.
  만약 시간이 더 있다면, 여기서 더 있고 싶어요.
- Si tengo oportunidad, quiero visitar España otra vez.
  만약 기회가 있다면, 스페인에 다시 방문하고 싶어요.
- Si está libre, ¿puedo sentarme?
  만약 빈자리라면, 제가 앉아도 될까요?
- Si nos encontramos de nuevo, estaré feliz.
  만약 우리가 다시 만난다면, 나는 행복할 거야.
- Si hablo bien el español, será un viaje más alegre.
  만약 내가 스페인어를 잘한다면, 더 즐거운 여행이 될 거야.

일지쓰기

랜드마크에서 대화한 내용을 떠올리며 빈칸을 채워보세요.

1

A : ¿_________________ largo es el jardín de Turia?

B : Tiene casi siete kilómetros.

A : 뚜리아 공원이 얼마나 긴가요?

B : 거의 7 킬로미터예요.

2

A : ¿Este parque era un río, verdad?

B : Sí. _________________ la inundación.

A : 이 공원은 원래 강이었어요, 맞나요?

B : 네. 홍수 전에요.

3

A : _________________ vivo en Valencia, voy a venir aquí todos los días.

B : _________________________.

A : 만약 발렌시아에 산다면, 매일 이곳에 올 거예요.

B : 저도요.

정답

1 ¿Cómo de

2 Antes de

3 Si, Yo también

기억하기

다음 빈칸에 들어갈 내용을 떠올리며
앞서 다녀온 랜드마크를 다시 기억해보세요.

29

바르셀로나 (Barcelona) – **몬주익 언덕** (Montjuic)

¿Cuál el mejor lugar~? 어디가 명당이에요?

- ¿Cuál el mejor lugar ______________________?
  이쪽에서 어디가 명당이에요?
- ¿Cuál es el mejor lugar para ______________________?
  휴식하기에 어디가 명당이에요?
- ¿Cuál es el mejor lugar para ____________________________?
  사진 찍기에 어디가 명당이에요?
- ¿Cuál es el mejor lugar para _________________________?
  전망을 보기에 어디가 명당이에요?
- ¿Cuál es el mejor lugar para _________________________?
  야경을 보기에 어디가 명당이에요?

정답

- por aquí
- descansar
- tomar una foto
- contemplar las vistas?
- contemplar la vista nocturna?

30

발렌시아 (Valencia) – **비오파크 동물원** (Bioparque de Valencia)

Estar -ando/-iendo ~하는 중이에요

- ________________ esperando el taxi.
  (저는) 택시를 기다리는 중이에요.
- ¿Está ____________________ por Europa?
  (너는) 유럽 여행하는 중이니?
- ¿______________ está haciendo él/ella/Usted?
  그/그녀/당신은(는) 뭐 하는 중이에요?
- ____________________ charlando.
  우리는 수다 떨고 있는 중이에요.
- ¿Qué estáis ________________________?
  너네 뭐 찾는 중이니?

정답

- Estoy,
- viajando,
- Qué,
- Estamos,
- buscando,
- escribiendo

A : ¿Cuál es el mejor lugar para contemplar la vista nocturna?

B : Está el mirador de la ciudad.

A : ¿Dónde está?

B : Por esa dirección.

A : 야경을 감상하기에 어디가 가장 좋나요?

B : 도시의 전망대요.

A : 어디에 있어요?

B : 저쪽 방향으로 있어요.

A : ¿Qué está haciendo tu amigo?

B : No sé. Vamos a preguntarle.

A : Javier, ¿qué haces?

C : Hola, amigos. Estoy observando algo.

A : 네 친구 뭐하는 중이야?

B : 모르겠어. 그에게 물어보자.

A : 하비에르, 너 뭐하는 중이야?

C : 안녕, 친구들. 나 뭔가를 관찰하는 중이야.

기억하기

다음 빈칸에 들어갈 내용을 떠올리며
앞서 다녀온 랜드마크를 다시 기억해보세요.

31

발렌시아 (Valencia) – **라론하 실크 교역소** (La Lonja de la Seda)

¿~, verdad? ~맞아요?

- ¿Valencia es la tercera ciudad más ________________, verdad?
  발렌시아가 스페인 3대 도시 맞아요?
- ¿Está La Lonja de la Seda ____________________, verdad?
  실크 무역소가 이쪽에 있는 거 맞아요?
- ¿La Lonja de la Seda _____________ hasta las siete, verdad?
  실크 거래소가 7시까지 열어요, 맞죠?
- ¿Este es el restaurante _________________, verdad?
  여기가 그 유명한 레스토랑 맞아요?
- ¿Allí es la _________________ de taxi, verdad?
  저기가 택시 정류장이죠, 맞나요?

정답

- importante
- por aquí
- abre
- famoso
- parada

32

발렌시아 (Valencia) – **뚜리아 공원** (Jardín del Turia)

Si ~ 만약 ~라면

- Si tengo más tiempo, __________________________ aquí más.
  만약 시간이 더 있다면, 여기서 더 있고 싶다.
- Si __________________________________, quiero visitar España otra vez.
  만약 기회가 있다면, 스페인에 다시 방문하고 싶다.
- Si está libre, ¿puedo _______________________?
  만약 빈자리라면, 제가 앉아도 될까요?
- Si ___________________________ de nuevo, estaré feliz.
  만약 우리가 다시 만난다면, 나는 행복할 거야.
- Si ____________________ el español, será un viaje más alegre.
  만약 내가 스페인어를 잘한다면, 더 즐거운 여행이 될 거야.

정답

- estaré
- tengo oportunidad
- sentarme
- nos encontramos,
- hablo bien

A: ¿Valencia es la tercera ciudad más representativa de España, verdad?

B: Sí. Se dice así.

A: Entonces, ¿Cuales ciudades son otras?

B: Son Madrid y Barcelona.

A: 발렌시아는 스페인의 가장 대표적인 3번째 도시예요, 맞나요?

B: 네. 그렇게들 말하곤 해요.

A: 그럼, 다른 도시들은 어디예요?

B: 마드리드와 바르셀로나예요.

A : Si un día tengo novio, querría volver de nuevo a España.

B : Yo también querría estar aquí con mi novia.

A : Oh, ¿tienes novia?

B : Francamente, no.

A : 만약 내가 남자친구가 있다면, 여기 스페인에 다시 방문하고 싶어.

B : 나도 내 여자친구랑 여기 있고 싶어.

A : 오, 너 여자친구 있니?

B : 솔직하게는, 없어.

33 발렌시아 (Valencia)
- 과학예술종합단지 (Ciudad de las Artes y las Ciencias)

오늘 배울 표현은 **마음에 드세요?**

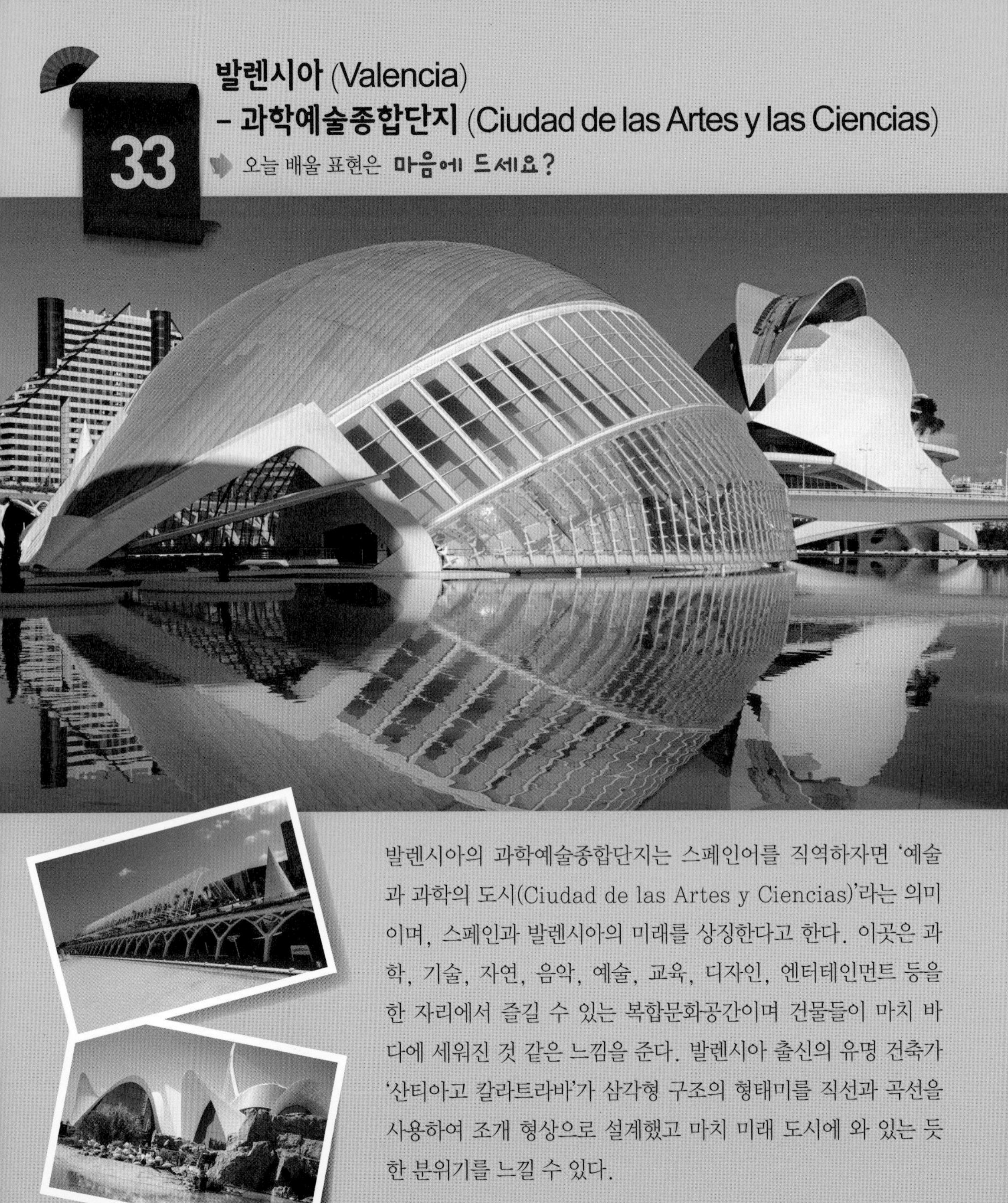

발렌시아의 과학예술종합단지는 스페인어를 직역하자면 '예술과 과학의 도시(Ciudad de las Artes y Ciencias)'라는 의미이며, 스페인과 발렌시아의 미래를 상징한다고 한다. 이곳은 과학, 기술, 자연, 음악, 예술, 교육, 디자인, 엔터테인먼트 등을 한 자리에서 즐길 수 있는 복합문화공간이며 건물들이 마치 바다에 세워진 것 같은 느낌을 준다. 발렌시아 출신의 유명 건축가 '산티아고 칼라트라바'가 삼각형 구조의 형태미를 직선과 곡선을 사용하여 조개 형상으로 설계했고 마치 미래 도시에 와 있는 듯한 분위기를 느낄 수 있다.

미리보기

이번 랜드마크에서는 어떤 대화를 하는지 먼저 살펴볼까요?

원어민의 음성을 들어보세요.

Spain_33.mp3

1

A : ¿Qué hay en la Ciudad de las Artes y las Ciencias?

B : Hay un cine, una ópera, un acuario, ectcétera.

2

A : ¿Quién es Santiago Calatrava?

B : Es un famoso arquitecto de Valencia.

3

A : ¿Le gusta estar aquí?

B : Sí. Muchísimo.

1

A : 예술과 과학의 도시에는 무엇이 있나요?

B : 영화관, 오페라(하우스), 아쿠아리움 등등이 있어요.

2

A : 칼라트라바가 누구예요?

B : 발렌시아 출신의 유명한 건축가예요.

3

A : 여기 맘에 드세요?

B : 네. 정말 많이요.

준비하기

오늘의 주요 단어입니다.
학습을 시작하기 전에
단어부터 살펴보아요.

- arte 예술
- ciencia 과학
- cine 영화관
- ópera 오페라(하우스)
- acuario 아쿠아리움
- arquitecto 건축가
- famoso 유명한
- Le gusta 좋아하다(Gustar)
- muchísimo 정말 많이
- comida 음식
- bebida 음료
- lugar 장소

실전여행

이 정도 한마디는
랜드마크에서 꼭 해보아요.
패턴으로 완벽 암기하세요.

¿Le gusta ~? 마음에 드세요?

- ¿Le gusta Valencia?
  발렌시아 마음에 드세요?
- ¿Le gusta esta comida?
  이 음식 마음에 드세요?
- ¿Le gusta esta bebida?
  이 음료 마음에 드세요?
- ¿Le gusta este lugar?
  이 장소 마음에 드세요?
- ¿Le gusta ese hotel?
  그 호텔 마음에 드세요?

TIP

gustar 동사는 간접목적대명사를 동반하며, 3인칭 gusta, gustan만 사용하는 특이한 구조를 가지고 있다.

일지쓰기

랜드마크에서 대화한 내용을
떠올리며 빈칸을 채워보세요.

1

A : ¿Qué hay en la Ciudad de las ________________ y las ________________?

B : Hay un cine, una ópera, un acuario, ectcétera.

A : 예술과 과학의 도시에는 무엇이 있나요?

B : 영화관, 오페라(하우스), 아쿠아리움 등등이 있어요.

2

A : ¿Quién es Santiago Calatrava?

B : Es un famoso ____________________ de Valencia.

A : 칼라트라바가 누구예요?

B : 발렌시아 출신의 유명한 건축가예요.

3

A : ¿____________________ estar aquí?

B : Sí. Muchísimo.

A : 여기 맘에 드세요?

B : 네. 정말 많이요.

정답

1 Artes, Ciencias

2 arquitecto

3 Le gusta

34 마요르카 (Mallorca) - 아레날 해변 (Playa de Palma El Arenal)

오늘 배울 표현은 **~한 경험이 있어요?**

스페인에서 가장 큰 섬으로 알려진 '마요르카 섬'은 유럽의 주요 휴양지로 각광 받고 있는 해변이 아름다운 곳이다. 아레날 해변은 드넓은 백사장이 푸른 바다를 맞이하는 곳으로 일광욕을 즐기기에 적합한 장소이다. 해안을 따라 레스토랑, 카페, 바 등이 즐비하고 연중 따뜻하고 온화한 날씨를 선물해 주기 때문에 남녀노소 할 것 없이 많은 사람들이 찾고 있으며 인기가 끊이지 않고 있다.

미리보기

이번 랜드마크에서는 어떤 대화를 하는지 먼저 살펴볼까요?

원어민의 음성을 들어보세요.

Spain_34.mp3

1

A : Dicen que en la isla de Mallorca hay muchos coreanos.

B : Sí. Es verdad.

2

A : ¿Qué significa 'El Arenal'?

B : Significa 'sandy beach' en inglés.

3

A : ¿Tiene experiencia en aprender natación?

B : Todavía no.

1

A : 마요르카 섬에는 한국인들이 많이 있다고 하더라구요.

B : 네. 사실이에요.

2

A : '아레날'이 무슨 뜻이에요?

B : 영어로 '모래 사장'이라는 뜻이에요.

3

A : 수영 배워 본 경험이 있나요?

B : 아직 없어요.

준비하기

오늘의 주요 단어입니다.
학습을 시작하기 전에
단어부터 살펴보아요.

- Dicen que (사람들이 que 이하) ~하고 말하다
- coreano 한국인
- verdad 사실
- Tiene 가지다 (Tener의 3인칭 단수 현재형)
- experiencia 경험
- visitar 방문하다
- puedo ~할 수 있다 (Poder의 1인칭 단수형)
- cuidado 돌봄
- significa 의미하다 (Significar 동사의 3인칭 단수형)
- aprender 배우다
- natación 수영
- nadar 수영하다

실전여행

이 정도 한마디는
랜드마크에서 꼭 해보아요.
패턴으로 완벽 암기하세요.

¿Tiene experiencia ~? ~한 경험이 있어요?

- ¿Tiene experiencia en marketing?
  마케팅에 경험이 있으세요?
- ¿Tiene experiencia en aprender español?
  스페인어를 배워 본 경험이 있어요?
- ¿Tiene experiencia en cuidado de niños?
  아이들을 돌보아 본 경험이 있으세요?
- ¿Tiene experiencia de viajar por Europa?
  유럽을 여행 한 경험이 있어요?
- ¿Tiene experiencia de nadar en el Mediterráneo?
  지중해에서 수영한 경험이 있어요?

TIP

tener 동사를 인칭에 맞게 변화시키면 다양한 대상에게 '~한 경험이 있는지' 물어볼 수 있고 또 1인칭으로 표현하면 '나는 ~한 경험이 있다.'라고 말할 수 있습니다.

일지쓰기 

랜드마크에서 대화한 내용을 떠올리며 빈칸을 채워보세요.

1

A : ______________________ en la isla de Mallorca hay muchos ______________________.

B : Sí. Es verdad.

A : 마요르카 섬에는 한국인들이 많이 있다고 하더라구요.

B : 네. 사실이에요.

2

A : ¿Qué significa '______________________'?

B : Significa 'sandy beach' ______________________.

A : '아레날'이 무슨 뜻이에요?

B : 영어로 '모래 사장'이라는 뜻이에요.

3

A : ¿______________________ aprender natación?

B : Todavía no.

A : 수영 배워 본 경험이 있나요?

B : 아직 없어요.

정답

1 Dicen que, coreanos

2 El Arenal, en inglés

3 Tiene experiencia en

35 마요르카 (Mallorca) - 팔마 대성당 (Catedral de Palma)

오늘 배울 표현은 **무엇이 가장 유명해요?**

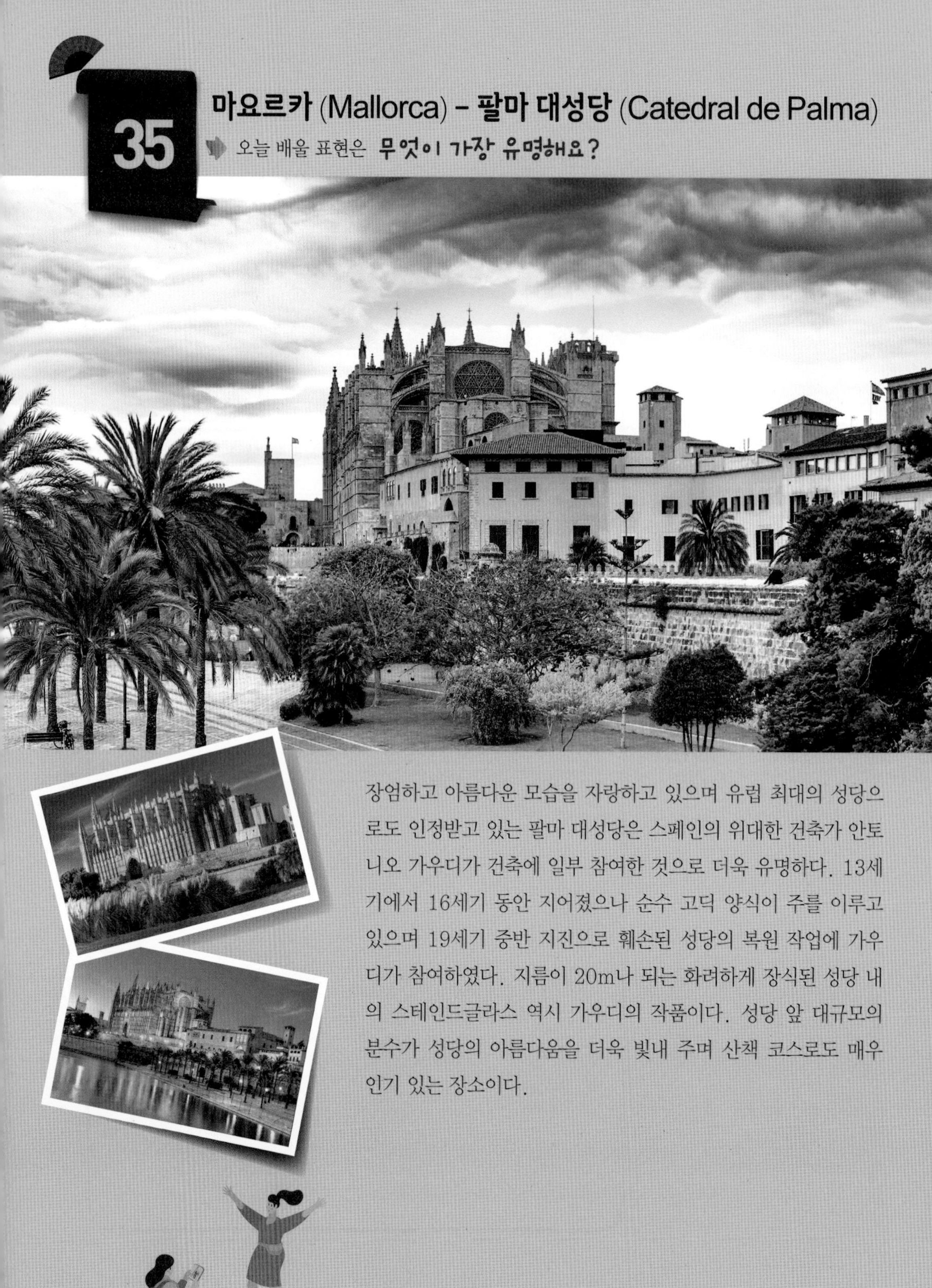

장엄하고 아름다운 모습을 자랑하고 있으며 유럽 최대의 성당으로도 인정받고 있는 팔마 대성당은 스페인의 위대한 건축가 안토니오 가우디가 건축에 일부 참여한 것으로 더욱 유명하다. 13세기에서 16세기 동안 지어졌으나 순수 고딕 양식이 주를 이루고 있으며 19세기 중반 지진으로 훼손된 성당의 복원 작업에 가우디가 참여하였다. 지름이 20m나 되는 화려하게 장식된 성당 내의 스테인드글라스 역시 가우디의 작품이다. 성당 앞 대규모의 분수가 성당의 아름다움을 더욱 빛내 주며 산책 코스로도 매우 인기 있는 장소이다.

미리보기

이번 랜드마크에서는 어떤 대화를 하는지 먼저 살펴볼까요?

원어민의 음성을 들어보세요.

Spain_35.mp3

1

A : ¿Antonio Gaudí construyó la Catedral de Palma?

B : Se dice que colaboró en parte.

2

A : ¿Qué estillo tiene la Catedral de Palma?

B : Es gótico puro.

3

A : ¿Qué es lo más famoso de la Catedral de Palma?

B : Es una de las más grandes catedrales de Europa.

1

A : 안토니오 가우디가 팔마 대성당을 건축했나요?

B : 일부를 공동 작업했다고 하더라구요.

2

A : 팔마 대성당은 어떤 양식을 가지고 있나요?

B : 순수 고딕 양식으로 되어 있어요.

3

A : 팔마 대성당의 무엇이 가장 유명해요?

B : 유럽에서 가장 큰 성당 중에 하나예요.

준비하기

오늘의 주요 단어입니다.
학습을 시작하기 전에
단어부터 살펴보아요.

- famoso 유명한
- construyó 건축했다 (Construir의 3인칭 단수 과거형)
- catedral 성당
- colaboró 공동 작업했다 (Colaborar의 3인칭 단수 과거형)
- parte 부분
- Es uno/a de ~로 되어 있다(Ser de 표현)
- puro 순수한
- famoso 유명한
- grande 큰
- Europa 유럽
- España 스페인
- Corea 한국

실전여행

이 정도 한마디는
랜드마크에서 꼭 해보아요.
패턴으로 완벽 암기하세요.

¿Qué es lo más famoso ~?

무엇이 가장 유명해요?

- ¿Qué es lo más famoso de España?
  스페인에서는 무엇이 가장 유명해요?
- ¿Qué es lo más famoso de Corea?
  한국에서는 무엇이 가장 유명해요?
- ¿Qué es lo más famoso en este restaurante?
  이 레스토랑에서 무엇이 가장 유명해요?
- ¿Qué es lo más famoso en esta ciudad?
  이 도시에서 무엇이 가장 유명해요?
- ¿Qué es lo más famoso aquí?
  여기서 무엇이 가장 유명해요?

TIP

전치사 de는 '~의, ~에 대해'라는 의미이고, 전치사 en은 '~에서, ~에'라는 의미이다.

일지쓰기

랜드마크에서 대화한 내용을 떠올리며 빈칸을 채워보세요.

1

A : ¿Antonio Gaudí ______________ la Catedral de Palma?

B : Se dice que ______________ en parte.

A : 안토니오 가우디가 팔마 대성당을 건축했나요?

B : 일부를 공동 작업했다고 하더라고요.

2

A : ¿______________ estillo tiene la Catedral de Palma?

B : Es gótico ______________.

A : 팔마 대성당은 어떤 양식을 가지고 있나요?

B : 순수 고딕 양식으로 되어 있어요.

3

A : ¿Qué es ______________ de la Catedral de Palma?

B : Es una de las más ______________ catedrales de Europa.

A : 팔마 대성당의 무엇이 가장 유명해요?

B : 유럽에서 가장 큰 성당 중에 하나예요.

정답

1 construyó, colaboró

2 Qué, puro

3 lo más famoso, grandes

랜드마크 스페인어 여행
스페인 남부 - 1

스페인 남부
36 대성당과 히랄다탑
37 세비야 알카사르
38 황금의 탑
39 스페인 광장
40 피카소 박물관
41 알카사바
42 투우경기장
43 말라게따 해변
44 알람브라 궁전
꼬르도바
그라나다
말라가
세비야

36 세비야 (Sevilla) – 대성당과 히랄다탑 (Catedral de Sevilla y La Giralda)

오늘 배울 표현은 **왜 인기 있어요?**

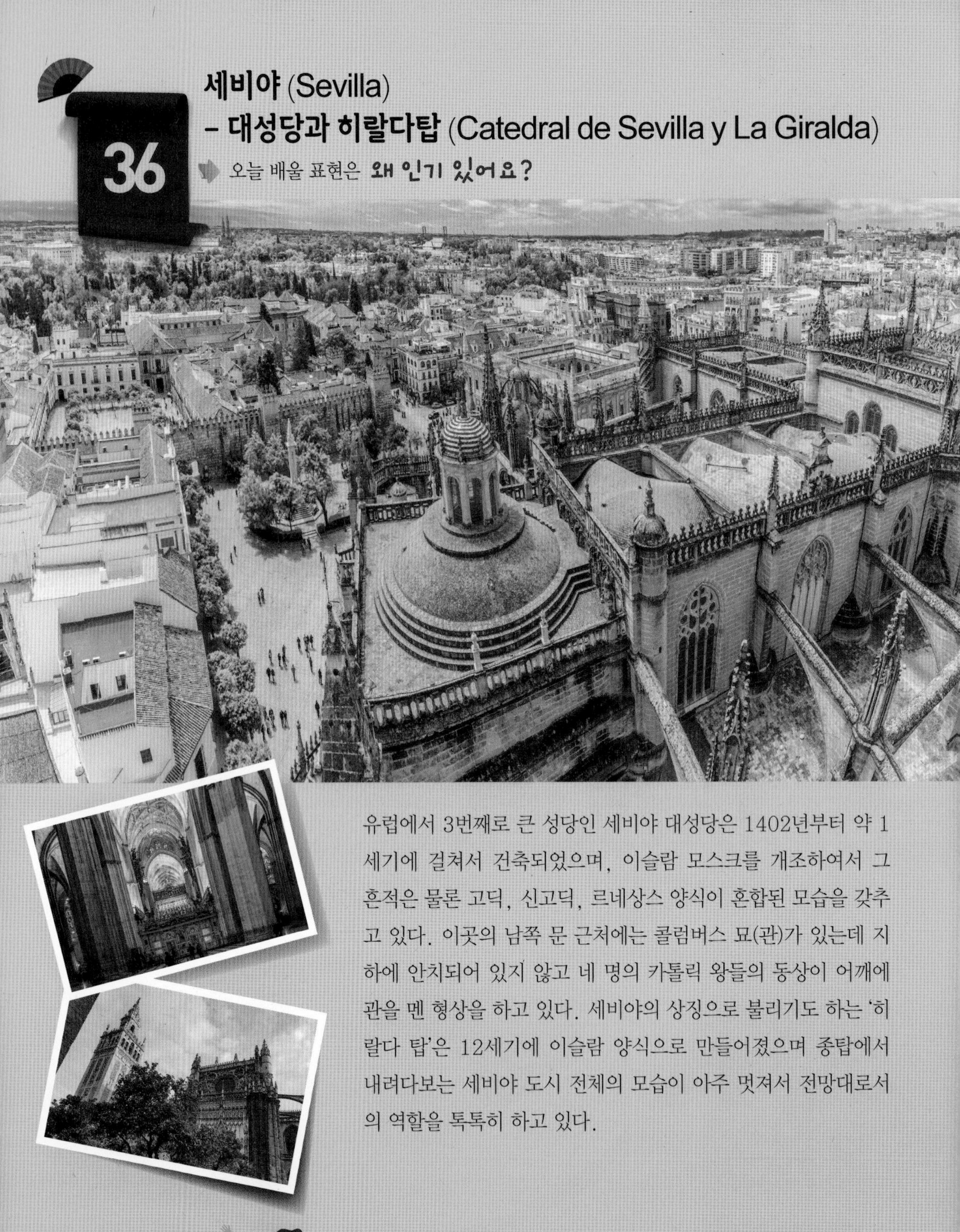

유럽에서 3번째로 큰 성당인 세비야 대성당은 1402년부터 약 1세기에 걸쳐서 건축되었으며, 이슬람 모스크를 개조하여서 그 흔적은 물론 고딕, 신고딕, 르네상스 양식이 혼합된 모습을 갖추고 있다. 이곳의 남쪽 문 근처에는 콜럼버스 묘(관)가 있는데 지하에 안치되어 있지 않고 네 명의 카톨릭 왕들의 동상이 어깨에 관을 멘 형상을 하고 있다. 세비야의 상징으로 불리기도 하는 '히랄다 탑'은 12세기에 이슬람 양식으로 만들어졌으며 종탑에서 내려다보는 세비야 도시 전체의 모습이 아주 멋져서 전망대로서의 역할을 톡톡히 하고 있다.

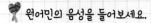

미리보기

이번 랜드마크에서는 어떤 대화를 하는지 먼저 살펴볼까요?

원어민의 음성을 들어보세요.

Spain_36.mp3

1

A : ¿Por qué es popular la catedral de Sevilla?

B : Porque es muy hermosa y también está la tumba de Columbus.

2

A : ¿Te gusta la Giralda?

B : Sí. Es un buen sitio para ver el paisaje.

3

A : ¿La Catedral de Sevilla es una de la catedrales más grandes?

B : Sí. Es una de las más grandes catedrales de Europa.

1

A : 왜 세비야의 성당이 인기 있나요?

B : 왜냐하면 정말 아름답고 또한 콜럼버스의 묘지가 있기 때문이에요.

2

A : 히랄다 탑 좋아하세요?

B : 네. 경치를 보기에 좋은 장소예요.

3

A : 세비야 대성당이 가장 큰 대성당 중 하나예요?

B : 유럽에서 가장 큰 성당 중에 하나예요.

준비하기

오늘의 주요 단어입니다.
학습을 시작하기 전에
단어부터 살펴보아요.

- Por qué 왜
- Porque 왜냐하면
- popular 인기 있는
- catedral (대)성당
- tumba 묘지
- Te gusta 네가 좋아하다 (너에게 즐거움을 주다)
- sitio 장소
- paisaje 풍경
- grande 큰
- edificio 건물
- persona 사람
- objeto 물건

실전여행

이 정도 한마디는
랜드마크에서 꼭 해보아요.
패턴으로 완벽 암기하세요.

TIP

형용사 popular(인기 있는)는 수식 받는 명사가 복수라면 populares로 변화한다.

¿Por qué es popular ~? 왜 인기 있어요?

- ¿Por qué es popular este arte?
  이 미술 작품이 왜 인기 있어요?
- ¿Por qué es popular esta comida?
  이 음식이 왜 인기 있어요?
- ¿Por qué es popular este edificio?
  이 건물이 왜 인기 있어요?
- ¿Por qué es popular esta bebida?
  이 음료가 왜 인기 있나요?
- ¿Por qué es popular este objeto?
  이 물건이 왜 인기 있어요?

일지쓰기

랜드마크에서 대화한 내용을
떠올리며 빈칸을 채워보세요.

1

A : ¿______________________________ __ la catedral de Sevilla?

B : Porque es muy hermosa y también está la ______________ de Columbus.

A : 왜 세비야의 성당이 인기 있나요?

B : 왜냐하면 정말 아름답고 또한 콜럼버스의 묘지가 있기 때문이에요.

2

A : ¿______________________ la Giralda?

B : Sí. Es un buen ______________ para ver el paisaje.

A : 히랄다 탑 좋아하세요?

B : 네. 경치를 보기에 좋은 장소예요.

2

A : ¿La Catedral de Sevilla es una de la ________________ más grandes?

B : Sí. Es una de las más ______________ catedrales de Europa.

A : 세비야 대성당이 가장 큰 대성당 중 하나예요?

B : 유럽에서 가장 큰 성당 중에 하나예요.

정답

1 Por qué es popular, tumba
2 Te gusta, sitio
3 catedrales, grandes

기억하기

다음 빈칸에 들어갈 내용을 떠올리며
앞서 다녀온 랜드마크를 다시 기억해보세요.

33

발렌시아 (Valencia) – **과학예술종합단지** (Ciudad de las Artes y las Ciencias)

¿Le gusta ~? 마음에 드세요?

- ¿__________Valencia?
  발렌시아 마음에 드세요?
- ¿Le gusta ______________?
  이 음식 마음에 드세요?
- ¿Le gusta ______________?
  이 음료 마음에 드세요?
- ¿Le gusta ______________?
  이 장소 마음에 드세요?
- ¿Le gusta ______________?
  그 호텔 마음에 드세요??

정답

- Le gusta
- esta comida
- esta bebida
- este lugar
- ese hotel

34

마요르카 (Mallorca) – **아레날 해변** (Playa de Palma El Arenal)

¿Tiene experiencia ~? ~한 경험이 있어요?

- ¿Tiene ______________ en marketing?
  마케팅에 경험이 있으세요?
- ¿Tiene experiencia en ____________________ español?
  스페인어를 배워 본 경험이 있어요?
- ¿Tiene experiencia en ___________ de niños?
  아이들을 돌보아 본 경험이 있으세요?
- ¿Tiene experiencia de ____________________ por Europa?
  유럽을 여행 한 경험이 있어요?
- ¿Tiene experiencia de ____________________ en el Mediterráneo?
  지중해에서 수영한 경험이 있어요?

정답

- experiencia
- aprender
- cuidado
- viajar
- nadar

A : ¿Le gusta ese hotel?

B : Sí. Me gusta mucho.

A : ¿Cómo es?

B : Es muy limpio.

A : 그 호텔 마음에 드세요?

B : 네. 아주 좋아요.

A : 어때요?

B : 아주 깨끗해요.

A : ¿Tiene experiencia de visitar Corea?

B : Todavía no. Pero quiero ir.

A : Cuando venga a Corea, puede contactarme.

B : Vale. Gracias.

A : 한국을 방문한 경험이 있어요?

B : 아직까지는 아니예요. 하지만 가고 싶어요.

A : 한국 오시면, 저에게 연락주세요.

B : 알겠어요. 감사해요.

기억하기

다음 빈칸에 들어갈 내용을 떠올리며
앞서 다녀온 랜드마크를 다시 기억해보세요.

35

마요르카 (Mallorca) – **팔마 대성당** (Catedral de Palma)

¿Qué es lo más famoso ~? 무엇이 가장 유명해요?

- ¿Qué es lo más famoso de ____________________?
  스페인에서는 무엇이 가장 유명해요?
- ¿Qué es __________________ de Corea?
  한국에서는 무엇이 가장 유명해요?
- ¿Qué lo más famoso en este _______________________?
  이 레스토랑에서 무엇이 가장 유명해요?
- ¿________________ es lo más famoso en esta ciudad?
  이 도시에서 무엇이 가장 유명해요?
- ¿Qué _______________ famoso aquí?
  여기서 무엇이 가장 유명해요?

정답

- España
- lo más famoso
- restaurante
- Qué
- es lo más

36

세비야 (Sevilla) – **대성당과 히랄다탑** (Catedral de Sevilla y La Giralda)

¿Por qué es popular ~? 왜 인기 있어요?

- ¿Por qué es ____________________ este arte?
  이 미술 작품 왜 유명해요?
- ¿Por qué es popular esta _________________?
  이 음식이 왜 유명해요?
- ¿___________ qué es popular este edificio?
  이 건물이 왜 유명해요?
- ¿Por ________________ popular esta bebida?
  이 음료가 왜 인기 있나요?
- ¿Por qué es popular este ________________?
  이 물건이 왜 유명해요?

정답

- popular
- comida
- Por
- qué es
- objeto

A : ¿Qué es lo más famoso en esta ciudad?

B : Por supuerso, la playa.

A : ¿Le gusta nadar?

B : Claro que sí.

A : 이 도시에서 무엇이 가장 유명해요?

B : 당연히 해변이에요.

A : 수영하는 거 좋아하세요?

B : 당연히 그렇죠.

A : Buenas. Quiero comprar un recuerdo.

B : Bienvenido. Le recomiendo este.

A : ¿Por qué es popular este objeto?

B : Porque está relacionado con las corridas de toros.

A : 안녕하세요. 기념품을 하나 사려고 해요.

B : 환영합니다. 당신께 이것을 추천해드려요.

A : 왜 이 물건이 인기 있어요?

B : 투우와 관련되었기 때문이에요.

37 세비야 (Sevilla) - 세비야 알카사르 (Real Alcázar de Sevilla)

오늘 배울 표현은 ~를 추천해주세요

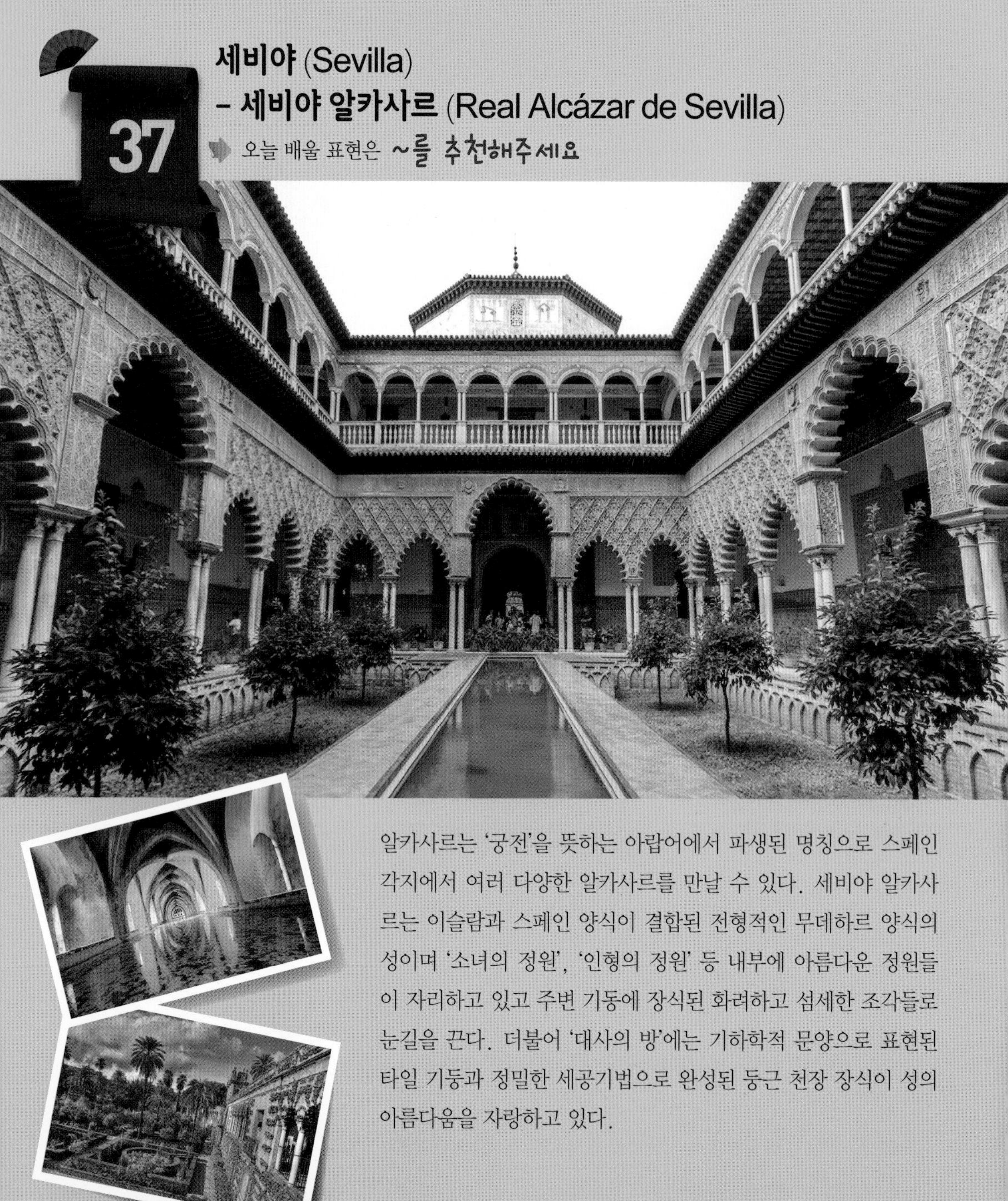

알카사르는 '궁전'을 뜻하는 아랍어에서 파생된 명칭으로 스페인 각지에서 여러 다양한 알카사르를 만날 수 있다. 세비야 알카사르는 이슬람과 스페인 양식이 결합된 전형적인 무데하르 양식의 성이며 '소녀의 정원', '인형의 정원' 등 내부에 아름다운 정원들이 자리하고 있고 주변 기둥에 장식된 화려하고 섬세한 조각들로 눈길을 끈다. 더불어 '대사의 방'에는 기하학적 문양으로 표현된 타일 기둥과 정밀한 세공기법으로 완성된 둥근 천장 장식이 성의 아름다움을 자랑하고 있다.

이번 랜드마크에서는
어떤 대화를 하는지
먼저 살펴볼까요?

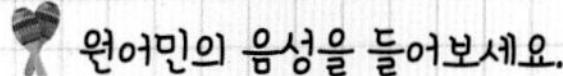

Spain_37.mp3

1

A : ¿El Real Alcázar de Sevilla es Patrimonio de la Humanidad?

B : Sí. La Unesco lo declaró como tal en el año 1987.

2

A : Me recomienda la mejor hora para visitar, por favor.

B : Pues, te recomendo antes de anochecer.

3

A : ¿Está abierto todos los días?

B : Sí. Pero comprueba los días festivos.

1

A : 세비야의 알카사르가 유네스코 세계문화유산인가요?

B : 네. 유네스코가 1987년에 선정했어요.

2

A : 방문하기 가장 좋은 시간을 추천해주세요.

B : 글쎄요, 밤이 되기 전 시간을 추천합니다.

3

A : 매일 여나요?

B : 네. 하지만 휴일에는 확인해보세요.

준비하기

오늘의 주요 단어입니다.
학습을 시작하기 전에
단어부터 살펴보아요.

- Patrimonio de la Humanidad 문화유산
- Unesco 유네스코
- lo 그것(앞사실, 앞문장 전체)
- declaró 지정하다(Declarar)
- año 해, 년(도)
- recomendo/a 추천하다(Recomendar)
- anochecer 밤이 되다
- abierto 열린
- todos los días 매일
- comprueba(comprobar) 확인하다
- los días festivos 공휴일
- palabra 단어, 말

실전여행

이 정도 한마디는
랜드마크에서 꼭 해보아요.
패턴으로 완벽 암기하세요.

TIP

recomendar 동사는 -e-:-ie-변화형 불규칙 동사로서, recomiendo-recomiendas-recomienda-recomendamos-recomandáis-recomiendan으로 변화합니다.

Me recomienda ~, por favor
~를 추천해주세요

- Me recomienda **un menú**, por favor.
  메뉴 추천해주세요.
- Me recomienda **un lugar de turismo**, por favor.
  관광지 추천해주세요.
- Me recomienda **un hotel o un hostal**, por favor.
  호텔이나 호스텔 추천해주세요.
- Me recomienda **algunas actividades**, por favor.
  액티비티들을 추천해주세요.
- Me recomienda **algunas palabras españolas**, por favor.
  스페인어 말들을 추천해주세요.

일지쓰기

랜드마크에서 대화한 내용을
떠올리며 빈칸을 채워보세요.

1

A : ¿El Real Alcázar de Sevilla es ______________ ______________________________?

B : Sí. La Unesco ______________ declaró como tal en el año 1987.

A : 세비야의 알카사르가 유네스코 세계문화유산인가요?

B : 네. 유네스코가 1987년에 선정했어요.

2

A : ____________________________ la mejor hora para visitar, __________________________.

B : Pues, te recomiendo antes de ________________________.

A : 방문하기 가장 좋은 시간을 추천해주세요.

B : 글쎄요, 밤이 되기 전 시간을 추천합니다.

3

A : ¿Está ______________________ todos los días?

B : Sí. Pero comprueba ________________________________.

A : 매일 여나요?

B : 네. 하지만 휴일에는 확인해보세요.

정답

1 Patrimonio de la Humanidad, lo

2 Me recomienda , por favor, anochecer

3 abierto, los días festivos

38 세비야 (Sevilla) - 황금의 탑 (Torre del Oro)

오늘 배울 표현은 **~라고 하던데요**

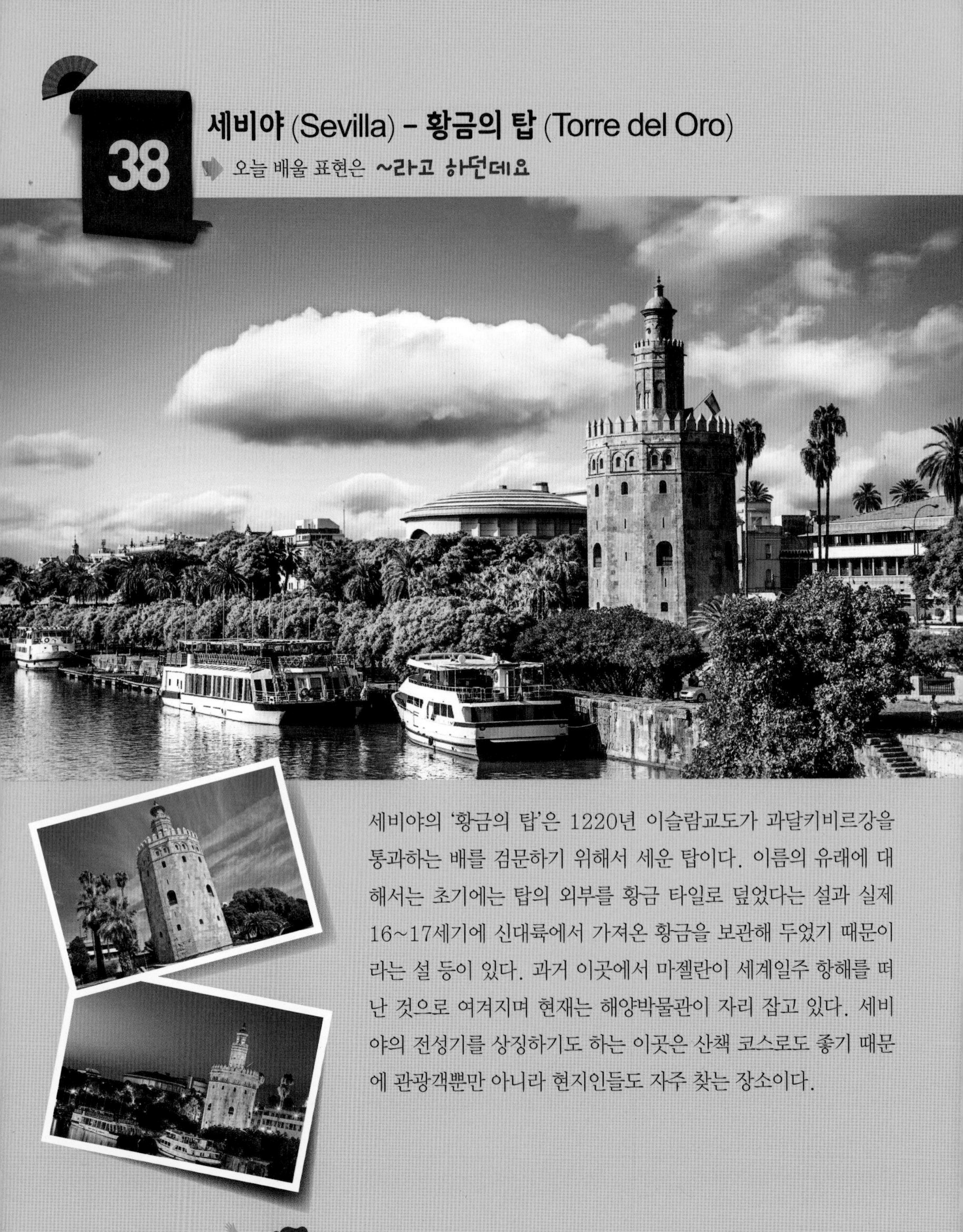

세비야의 '황금의 탑'은 1220년 이슬람교도가 과달키비르강을 통과하는 배를 검문하기 위해서 세운 탑이다. 이름의 유래에 대해서는 초기에는 탑의 외부를 황금 타일로 덮었다는 설과 실제 16~17세기에 신대륙에서 가져온 황금을 보관해 두었기 때문이라는 설 등이 있다. 과거 이곳에서 마젤란이 세계일주 항해를 떠난 것으로 여겨지며 현재는 해양박물관이 자리 잡고 있다. 세비야의 전성기를 상징하기도 하는 이곳은 산책 코스로도 좋기 때문에 관광객뿐만 아니라 현지인들도 자주 찾는 장소이다.

미리보기

이번 랜드마크에서는 어떤 대화를 하는지 먼저 살펴볼까요?

원어민의 음성을 들어보세요.

Spain_38.mp3

1

A : ¿La Torre del Oro estaba cubierta antes de oro?

B : Sí. Al principio.

2

A : Se dice que la Torre del Oro simboliza algo de España.

B : Ah, simboliza un periodo de plena prosperidad.

3

A : ¿Magallanes comenzó la vuelta al mundo desde la Torre del Oro?

B : Sí. En el año 1519.

1

A : 황금의 탑이 예전에는 황금으로 덮혀 있었어요?

B : 네. 초기예요.

2

A : 황금의 탑이 뭔가를 상징한다고 들었는데요.

B : 아, 스페인의 전성기를 상징해요.

3

A : 마젤란이 황금의 탑에서부터 세계일주를 떠났나요?

B : 네. 1519년이에요.

준비하기

오늘의 주요 단어입니다.
학습을 시작하기 전에
단어부터 살펴보아요.

- Torre del Oro 황금의 탑
- cubierto 덮힌
- al principio 초기에
- simboliza(simbolizar) 상징하다
- el período de plena prosperidad 전성기
- partó(partir 동사의 단순 과거) 출발하다
- el vuelta al mundo 세계일주
- año 해
- caliente 뜨거운
- español/a 스페인 사람(남/녀)
- apasionado 열정적인
- así 그렇게

이 정도 한마디는
랜드마크에서 꼭 해보아요.
패턴으로 완벽 암기하세요.

Se dice que ~ ~라고 하던데요

- Se dice que el sol de España calienta mucho.
  스페인의 태양은 아주 뜨겁다고 하던데요.
- Se dice que los españoles son muy apasionados.
  스페인 사람들은 아주 열정적이라고 하던데요.
- Se dice que aquí es muy famoso.
  여기가 아주 유명하다고 하더라고요.
- Se dice que aquí es muy bueno.
  여기가 아주 좋다고(맛있다고) 하던데요.
- Se dice que no es así.
  그렇지 않다고 하던데요.

TIP

'Se dice que ~' 구문의 se는 비인칭(무인칭)으로 사람(la gente, people)을 주어로 하기 때문에 decir 동사의 3인칭 단수형으로 사용한다.

일지쓰기

랜드마크에서 대화한 내용을 떠올리며 빈칸을 채워보세요.

1

A : ¿La Torre del Oro estaba ____________________ antes de oro?

B : Sí. ________________________.

A : 황금의 탑이 예전에는 황금으로 덮여 있었어요?

B : 네. 초기예요.

2

A : ____________________________ la Torre del Oro simboliza algo de España.

B : Ah, ___________________ un periodo de plena prosperidad.

A : 황금의 탑이 뭔가를 상징한다고 들었는데요.

B : 아. 스페인의 전성기를 상징해요.

3

A : ¿Magallanes comenzó ______________________________ dedse la Torre del Oro?

B : Sí. En el _____________ 1519.

A : 마젤란이 황금의 탑에서부터 세계일주를 떠났나요?

B : 네. 1519년이에요.

정답

1 cubierta , Al principio
2 Se dice que, simboliza
3 la vuelta al mundo, año

39

세비야 (Sevilla) - 스페인 광장 (Plaza de España)

오늘 배울 표현은 ~하는 데 얼마나 걸려요?

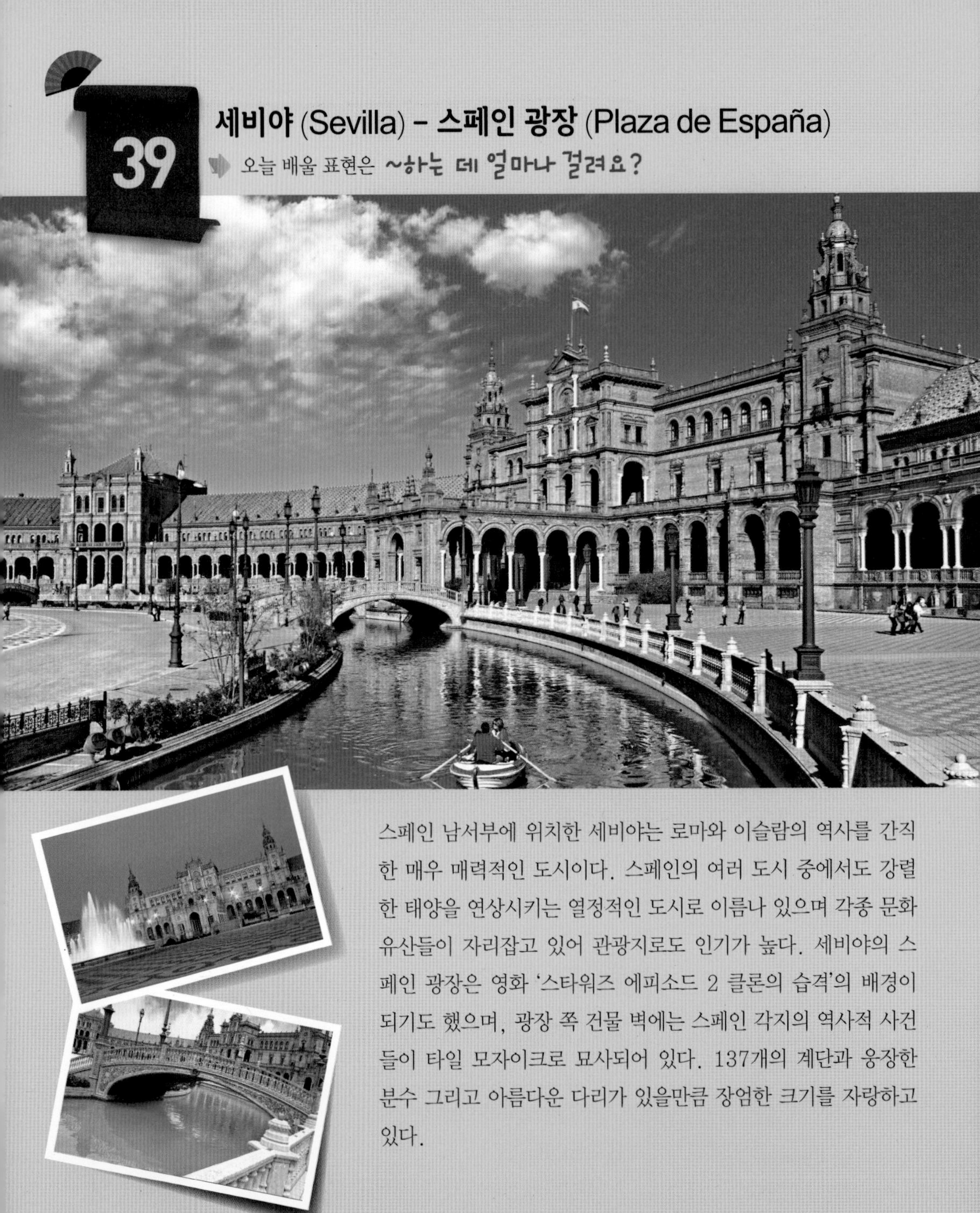

스페인 남서부에 위치한 세비야는 로마와 이슬람의 역사를 간직한 매우 매력적인 도시이다. 스페인의 여러 도시 중에서도 강렬한 태양을 연상시키는 열정적인 도시로 이름나 있으며 각종 문화유산들이 자리잡고 있어 관광지로도 인기가 높다. 세비야의 스페인 광장은 영화 '스타워즈 에피소드 2 클론의 습격'의 배경이 되기도 했으며, 광장 쪽 건물 벽에는 스페인 각지의 역사적 사건들이 타일 모자이크로 묘사되어 있다. 137개의 계단과 웅장한 분수 그리고 아름다운 다리가 있을만큼 장엄한 크기를 자랑하고 있다.

미리보기

이번 랜드마크에서는
어떤 대화를 하는지
먼저 살펴볼까요?

원어민의 음성을 들어보세요.

Spain_39.mp3

1

A : ¡Qué grandísima la plaza de España!

B : ¡Claro! La extensión es 50,000 m^2.
(Cincuenta mil metros cuadrados).

2

A : ¿Cuánto tiempo se tarda en turistear?

B : Al menos, una hora.

3

A : ¿Qué horario tiene la plaza de España?

B : Desde las ocho de la mañana y hasta las nueve de la noche.

1

A : 스페인 광장 정말 크네요!

B : 당연하죠! 면적이 5만 제곱미터예요.

2

A : 관광하는 데 얼마나 걸려요?

B : 최소 한 시간이요.

3

A : 스페인 광장 운영시간이 어떻게 돼요?

B : 오전 8시부터 저녁 9시까지예요.

준비하기

오늘의 주요 단어입니다.
학습을 시작하기 전에
단어부터 살펴보아요.

- grandísima 아주 큰 (grande의 절대최상급)
- plaza 광장
- Claro 당연한 (회화체–당연하지)
- extensión 면적
- tiempo 시간
- tarda 걸리다 (Tardar 동사의 3인칭 단수형)
- turistear 관광하다
- Almenos 최소한
- una hora 한 시간
- horario 운영 시간
- mañana 아침
- noche 밤

실전여행

이 정도 한마디는
랜드마크에서 꼭 해보아요.
패턴으로 완벽 암기하세요.

TIP

'a pie'는 '걸어서'라는 의미의 숙어 표현이므로 전치사 en 없이 사용한다.

¿Cuánto tiempo se tarda ~?

~하는 데 얼마나 걸려요?

- ¿Cuánto tiempo se tarda **en llegar?**
  도착하는 데 얼마나 걸려요?
- ¿Cuánto tiempo se tarda **en ir hasta ahí?**
  거기까지 가는 데 얼마나 걸려요?
- ¿Cuánto tiempo se tarda **en venir?**
  오는 데 얼마나 걸려요?
- ¿Cuánto tiempo se tarda **en autobús/metro/taxi?**
  버스/지하철/택시로 얼마나 걸려요?
- ¿Cuánto tiempo se tarda **a pie?**
  걸어서 얼마나 걸려요?

일지쓰기

랜드마크에서 대화한 내용을
떠올리며 빈칸을 채워보세요.

1

A : ¡Qué ______________________ la plaza de España!

B : ¡__________________! La extensión es 50,000 m^2. (Cincuenta mil metros cuadrados).

A : 스페인 광장 정말 크네요!

B : 당연하죠! 면적이 5만 제곱 미터예요.

2

A : ¿__________________________________ ________ turistear?

B : ______________________, una hora.

A : 관광하는 데 얼마나 걸려요?

B : 최소 한 시간이요.

3

A : ¿Qué horario tiene la plaza de España?

B : Desde las ocho de la ________________ y hasta las nueve de la ________________.

A : 스페인 광장 운영시간이 어떻게 돼요?

B : 오전 8시부터 저녁 9시까지예요.

정답

1 grandísima, Claro

2 Cuánto tiempo se tarda en, Al menos

3 mañana, noche

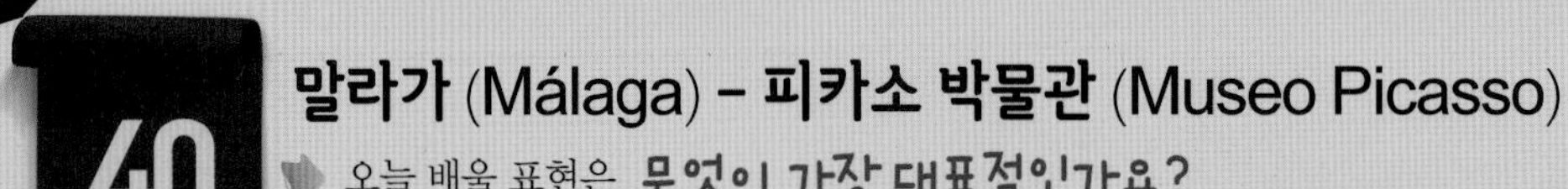

40 말라가 (Málaga) - 피카소 박물관 (Museo Picasso)

오늘 배울 표현은 **무엇이 가장 대표적인가요?**

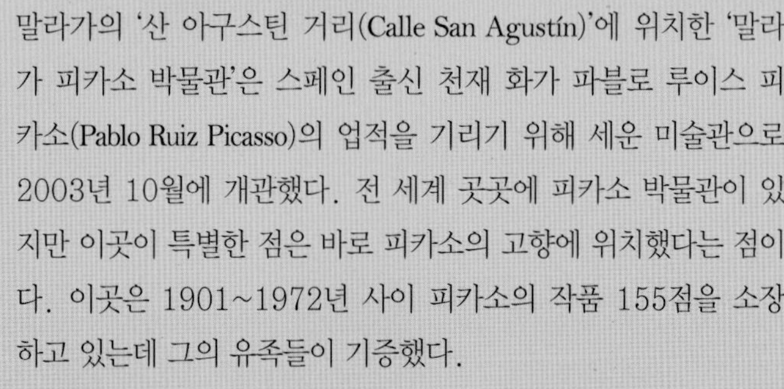

말라가의 '산 아구스틴 거리(Calle San Agustín)'에 위치한 '말라가 피카소 박물관'은 스페인 출신 천재 화가 파블로 루이스 피카소(Pablo Ruiz Picasso)의 업적을 기리기 위해 세운 미술관으로 2003년 10월에 개관했다. 전 세계 곳곳에 피카소 박물관이 있지만 이곳이 특별한 점은 바로 피카소의 고향에 위치했다는 점이다. 이곳은 1901~1972년 사이 피카소의 작품 155점을 소장하고 있는데 그의 유족들이 기증했다.

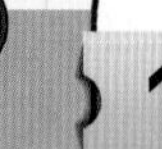

미리보기

이번 랜드마크에서는 어떤 대화를 하는지 먼저 살펴볼까요?

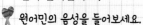

원어민의 음성을 들어보세요.

Spain_40.mp3

1

A : ¿Cuánto es la entrada del Museo de Picasso?

B : Son 8 euros para adultos.

2

A : ¿Cuántas obras tiene el Museo?

B : Tiene 155 obras.

3

A : ¿Cuál es lo más típico?

B : Creo que Guernica.

1

A : 피카소 미술관의 입장료는 얼마예요?

B : 성인은 8유로예요.

2

A : 미술관에 몇 개의 작품들이 있어요?

B : 155개의 작품들이 있어요.

3

A : 무엇이 가장 대표적인가요?

B : '게르니카'라고 생각해요.

준비하기

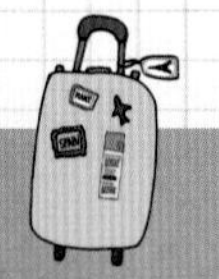

오늘의 주요 단어입니다.
학습을 시작하기 전에
단어부터 살펴보아요.

- cuánto 얼마나(How much/many)
- entrada 입구, 입장권
- adulto 성인
- obra 작품
- están(estar) 있다
- tiene(tener) 가지고 있다
- cuál 어느 것
- típico 대표적인, 전형적인
- entre ~중에, ~사이에
- esto 이것
- español 스페인 사람
- turista 관광객

실전여행

이 정도 한마디는
랜드마크에서 꼭 해보아요.
패턴으로 완벽 암기하세요.

TIP

lo는 중성대명사로 성 구분 없이 사용한다.

¿Cuál es lo más típico?

무엇이 가장 대표적인가요?

- ¿Cuál es lo más típico **de aquí?**
  여기서 가장 대표적인 것은 무엇인가요?

- ¿Cuál es lo más típico **entre estos?**
  이 중에서 가장 대표적인 것은 무엇인가요?

- ¿Cuál es lo más típico **de España?**
  스페인의 가장 대표적인 것은 무엇인가요?

- ¿Cuál es lo más típico **entre los recuerdos?**
  기념품들 중에 가장 대표적인 것은 무엇인가요?

- ¿Cuál es lo más típico **de Corea del Sur?**
  한국의 가장 대표적인 것은 무엇인가요?

일지쓰기

랜드마크에서 대화한 내용을 떠올리며 빈칸을 채워보세요.

1

A : ¿Cuánto es ____________________ del Museo de Picasso?

B : Son 8 euros para ________________.

A : 피카소 미술관의 입장료는 얼마예요?

B : 성인은 8유로예요.

2

A : ¿Cuántas obras ________________ el Museo?

B : ______________ 155 obras.

A : 미술관에 몇 개의 작품들이 있어요?

B : 155개의 작품들이 있어요.

2

A : ¿Cuál es ____________________?

B : Creo que Guernica.

A : 무엇이 가장 대표적인가요?

B : '게르니카'라고 생각해요.

정답

1 la entrada, adultos

2 tiene , Tiene

3 lo más típico

기억하기

다음 빈칸에 들어갈 내용을 떠올리며
앞서 다녀온 랜드마크를 다시 기억해보세요.

37

세비야 (Sevilla) – **세비야 알카사르** (Alcázar de Sevilla)

Me recomienda ~, por favor ~를 추천해주세요

- Me recomienda ____________________, por favor.
  메뉴 추천해주세요.
- Me recomienda ____________________, por favor.
  관광지 추천해주세요.
- ____________________ un hotel o un hostal, por favor.
  호텔이나 호스텔 추천해주세요.
- Me recomienda ____________________, por favor.
  액티비티들을 추천해주세요.
- Me recomienda ____________________, por favor.
  스페인어 말들을 추천해주세요.

정답

- un menú
- un lugar de turismo
- Me recomienda
- algunas actividades
- algunas palabras españolas

38

세비야 (Sevilla) – **황금의 탑** (Torre del Oro)

Se dice que ~ ~라고 하던데요

- Se dice que el sol de España ____________________ mucho.
  스페인의 태양은 아주 뜨겁다고 하던데요.
- Se dice que los españoles son muy ____________________.
  스페인 사람들은 아주 열정적이라고 하던데요.
- ____________________ que aquí es muy famoso.
  여기가 아주 유명하다고 하더라고요.
- Se dice que aquí es ____________________.
  여기가 아주 좋다고(맛있다고) 하던데요.
- Se dice que ____________________.
  그렇지 않다고 하던데요.

정답

- calienta mucho.
- apasionados
- Se dice
- muy bueno
- no es así

A : ¿Quiere pedir ahora?

B : Sí. Me recomienda un menú, por favor.

A : La paella es nuestra especialidad.

B : Entonces, quiero pedirlo.

A : 지금 주문하시겠어요?

B : 네. 메뉴를 추천해주세요.

A : 빠에야가 저희 스페셜 메뉴예요.

B : 그럼, 그것을 주문하고 싶군요.

A : Se dice que los españoles son muy apasionados.

B : Yo también lo creo.

A : Creo que es porque el sol calienta mucho en España.

B : Puede ser.

A : 스페인 사람들이 아주 열정적이라고 하더라고요.

B : 저도 그렇게 생각해요.

A : 스페인의 아주 뜨거운 태양 때문일 거라 생각해요.

B : 그럴 수도 있겠네요.

기억하기

다음 빈칸에 들어갈 내용을 떠올리며
앞서 다녀온 랜드마크를 다시 기억해보세요.

39

세비야 (Sevilla) – **스페인 광장** (Plaza de España)

¿Cuánto tiempo se tarda ~? ~하는 데 얼마나 걸려요?

- ¿Cuánto tiempo se tarda en ________?
  도착하는 데 얼마나 걸려요?
- ¿Cuánto ________ se tarda en ir hasta ahí?
  거기까지 가는 데 얼마나 걸려요?
- ¿Cuánto tiempo se tarda en ________?
  오는 데 얼마나 걸려요?
- ¿Cuánto tiempo se ________ en autobús/metro/taxi?
  버스/지하철/택시로 얼마나 걸려요?
- ¿Cuánto tiempo se tarda ________?
  걸어서 얼마나 걸려요?

정답

- llegar
- tiempo
- venir
- tarda
- a pie

40

말라가 (Málaga) – **피카소 박물관** (Museo Picasso)

¿Cuál es lo más típico? 무엇이 가장 대표적인가요?

- ¿Cuál es lo más ________ de aquí?
  여기서 가장 인기 있는 것이 뭐예요?
- ¿Cuál es lo más típico ________ estos?
  이것들 중에서 무엇이 가장 인기 있어요?
- ¿Cuál es ________ típico de España?
  스페인에서 가장 인기 있는 것이 뭐예요?
- ¿Cuál es lo más típico entre ________?
  스페인 사람들 사이에서 무엇이 가장 인기 있어요?
- ¿Cuál es lo más típico entre ________?
  관광객 사이에서 무엇이 가장 인기 있어요?

정답

- típico
- entre
- lo más
- los españoles
- los turistas

A : ¿Cuánto tiempo se tarda a pie?

B : Más o menos, 40 minutos.

A : Entonces, es mejor ir en bicicleta.

B : Es buena idea.

A : 걸어서 얼마나 걸려요?

B : 대략 40분이요.

A : 그럼, 자전거로 가는 게 낫겠어요.

B : 좋은 생각이에요.

A : ¿Cuál es lo más típico entre los turistas?

B : Pues, recomiendo el té de manzanilla.

A : ¿Qué tipo de té es?

B : Es té de flores.

A : 관광객들 사이에서 무엇이 인기 있나요?

B : 글쎄요, 기념품으로는 만사니야 차가 인기 있어요.

A : 어떤 타입의 차인가요?

B : 꽃 차 종류예요.

41 말라가 (Málaga) - 알카사바 (Alcazaba)

오늘 배울 표현은 ~인 것 같아요

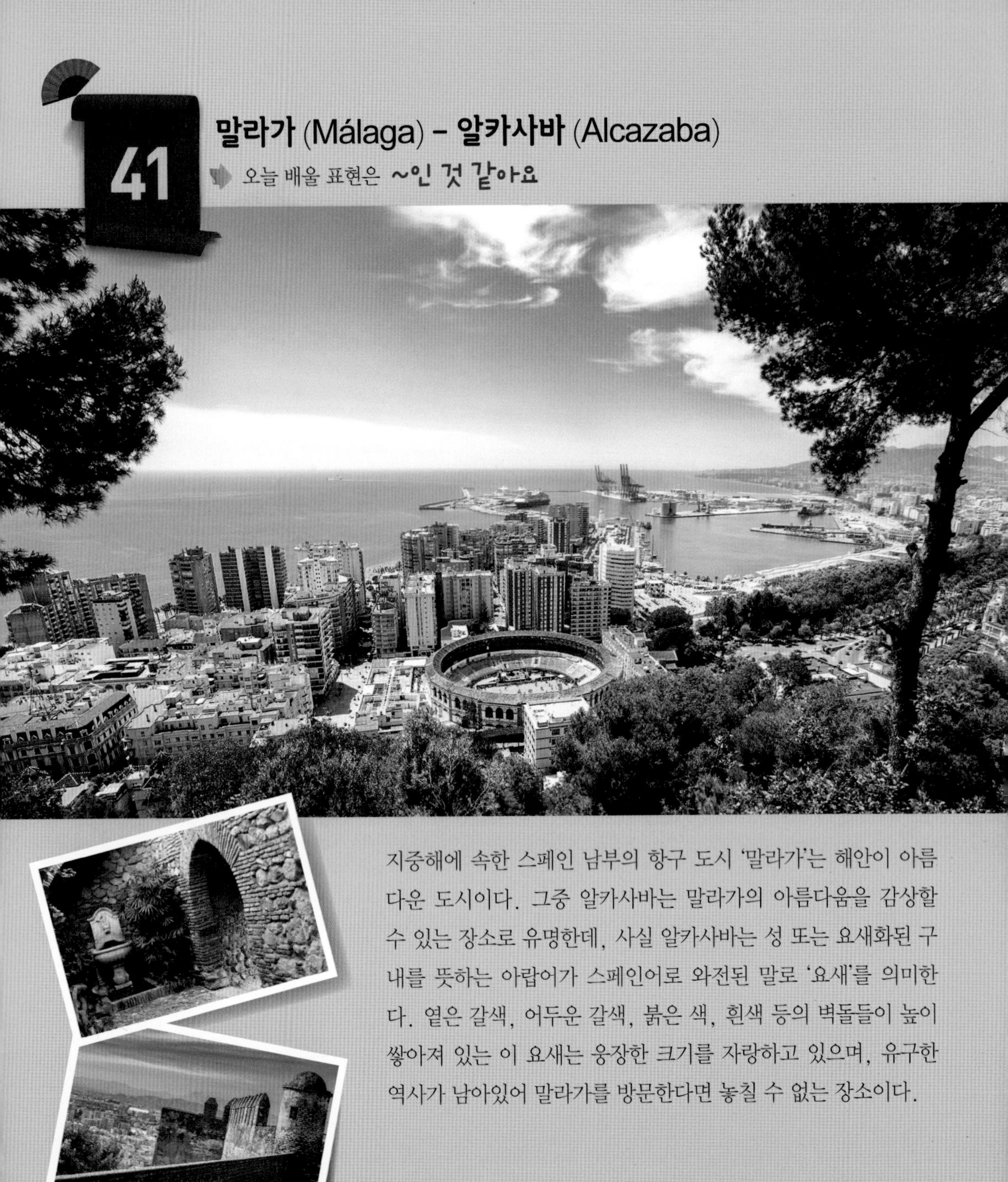

지중해에 속한 스페인 남부의 항구 도시 '말라가'는 해안이 아름다운 도시이다. 그중 알카사바는 말라가의 아름다움을 감상할 수 있는 장소로 유명한데, 사실 알카사바는 성 또는 요새화된 구내를 뜻하는 아랍어가 스페인어로 와전된 말로 '요새'를 의미한다. 옅은 갈색, 어두운 갈색, 붉은 색, 흰색 등의 벽돌들이 높이 쌓아져 있는 이 요새는 웅장한 크기를 자랑하고 있으며, 유구한 역사가 남아있어 말라가를 방문한다면 놓칠 수 없는 장소이다.

미리보기

이번 랜드마크에서는 어떤 대화를 하는지 먼저 살펴볼까요?

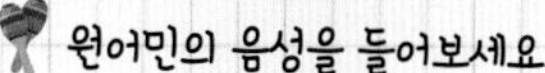

Spain_41.mp3

1

A : Me parece que Málaga es una ciudad bonita.

B : Yo también lo creo así. Me gusta la playa.

2

A : ¿Picasso nació en Málaga?

B : Sí. Su lugar de nacimiento es Málaga.

3

A : ¿Me recomienda algún lugar para visitar?

B : Le recomiendo dos pueblos cerca de Málaga, Frigiliana y Nerja.

1

A : 말라가는 예쁜 도시인 거 같아요.

B : 저도 그렇게 생각해요. 저는 해변이 좋아요.

2

A : 피카소가 말라가에서 태어났나요?

B : 네. 말라가에 생가가 있어요.

3

A : 방문할 만한 장소를 추천해주실래요?

B : 말라가 근교의 두 도시인 프리힐리아나와 네르하를 추천해드려요.

준비하기

오늘의 주요 단어입니다.
학습을 시작하기 전에
단어부터 살펴보아요.

- me parece que (나는) ~라고 생각하다
- bonito 예쁜
- me gusta (나는) ~를 좋아하다
- playa 해변
- nació (nacer동사의 3인칭 단수 단순 과거) 태어나다
- nacimiento 탄생
- algún(alguno) 어떤
- visitar 방문하다
- cerca de ~에서 가까운
- interesante 흥미로운

실전여행

이 정도 한마디는
랜드마크에서 꼭 해보아요.
패턴으로 완벽 암기하세요.

Me parece que ~ ~인 것 같아요

- Me parece que **no es verdad.**
  사실이 아닌 것 같아요.
- Me parece que **es interesante.**
  흥미로운 것 같아요.
- Me parece que **vale la pena.**
  가치가 있는 것 같아요.
- Me parece que **es bueno.**
  좋은 것 같아요.
- Me parece que **es malo.**
  나쁜 것 같아요.

TIP

'Me parece que ~' 구문은 동사 parece는 그대로 두고 인칭에 따라 앞에 간접목적격대명사를 me / te / le / nos / os / les로 바꿔서 넣어주면 '생각하는' 주체를 바꿀 수 있다.

일지쓰기

랜드마크에서 대화한 내용을 떠올리며 빈칸을 채워보세요.

1

A : ______________________________ Málaga es una ciudad bonita.

B : Yo también lo creo así. Me gusta la playa.

A : 말라가는 예쁜 도시인 거 같아요.

B : 저도 그렇게 생각해요. 저는 해변이 좋아요.

2

A : ¿Picasso nació en Málaga?

B : Sí. ____________________________________ es Málaga.

A : 피카소가 말라가에서 태어났나요?

B : 네. 말라가에 생가가 있어요.

3

A : ¿Me recomienda algún lugar para ____________________?

B : Le recomiendo dos pueblos ______________________ Málaga, Frigiliana y Nerja.

A : 방문할 만한 장소를 추천해주실래요?

B : 말라가 근교의 두 도시인 프리힐리아나와 네르하를 추천해드려요.

정답

1 Me parece que

2 Su lugar de nacimiento

3 visitar, cerca de

42 말라가 (Málaga) - 투우경기장 (Plaza de Toros)

오늘 배울 표현은 **얼마나 자주 ~하나요?**

스페인 문화를 떠올리면 빼놓을 수 없는 '투우(La Corrida de Toros)'는 동물 학대 여론 등으로 과거보다 경기 횟수가 많이 줄었지만 여전히 스페인의 대표 문화로서 생명을 이어가고 있다. 주요 도시 곳곳에 역사가 오래된 투우 경기장이 자리 잡고 있는데 말라가의 투우장 또한 역사를 느끼기에 좋은 장소이다. 경기가 없을 때에도 경기장 관람이 가능하니 뜨거운 스페인의 열정을 상상해보며 투우 경기장을 방문해 보는 것도 좋을 것이다.

미리보기

이번 랜드마크에서는 어떤 대화를 하는지 먼저 살펴볼까요?

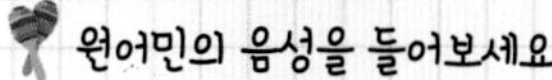

Spain_42.mp3

1

A : ¿Con qué frecuencia celebran corridas de toros?

B : Pues, no sé exactamente. Pero ahora no hace mucho.

2

A : ¿Son populares los toreros en España?

B : Sí. Se dice que casi como los futbolistas.

3

A : ¿Te gustan las corridas de toros?

B : No me gusta porque es violento para mí.

1

A : 얼마나 자주 투우를 하나요?

B : 글쎄요, 정확하게는 몰라요. 하지만 지금은 많이 하지는 않아요.

2

A : 스페인에서 투우사들이 인기 있나요?

B : 네. 거의 축구 선수들만큼이라고 해요.

3

A : 투우를 좋아하나요?

B : 저한테는 난폭해서 좋아하지 않아요.

준비하기

오늘의 주요 단어입니다.
학습을 시작하기 전에
단어부터 살펴보아요.

- con ~를 가지고, ~와 함께
- frecuencia 빈번함
- celebran(celebrar) 하다
- las corridas de toros 투우
- pues 글쎄(Well)
- sé(saber) 알다
- exactamente 정확하게
- torero 투우사
- futbolista 축구 선수
- gusta(gustar) 좋아하다
- violento 폭력적인
- hacer ejercicio 운동하다

이 정도 한마디는
랜드마크에서 꼭 해보아요.
패턴으로 완벽 암기하세요.

TIP

'Con qué frecuencia ~' 표현 뒤에는 동사를 위치시키면 된다.

¿Con qué frecuencia ~?

얼마나 자주 ~하나요?

- ¿Con qué frecuencia **haces ejercicio?**
  얼마나 자주 운동해요?
- ¿Con qué frecuencia **viajas?**
  얼마나 자주 여행해?
- ¿Con qué frecuencia **bebes?**
  얼마나 자주 술을 마시니?
- ¿Con qué frecuencia **te echas la siesta?**
  얼마나 자주 시에스타를 하나요?
- ¿Con qué frecuencia **lees?**
  얼마나 자주 책을 읽어?

일지쓰기

랜드마크에서 대화한 내용을 떠올리며 빈칸을 채워보세요.

1

A : ¿______________________________ celebran corridas de toros?

B : Pues, no ______________ exactamente. Pero ahora no hace mucho.

A : 얼마나 자주 투우를 하나요?

B : 글쎄요, 정확하게는 몰라요. 하지만 지금은 많이 하지는 않아요.

2

A : ¿Son ____________________ los toreros en España?

B : Sí. Se que casi como los ____________________________.

A : 스페인에서 투우사들이 인기 있나요?

B : 네. 거의 축구 선수들만큼이라고 해요.

3

A : ¿Te gustan ______________________________ ________?

B : No me gusta porque es ______________________ para mí.

A : 투우를 좋아하나요?

B : 저한테는 난폭해서 좋아하지 않아요.

정답

1 Con qué frecuencia, sé
2 populares, futbolistas
3 las corridas de toros, violento

43

말라가 (Málaga) - 말라게따 해변 (Playa de la Malagueta)

오늘 배울 표현은 **~하기에 좋나요?**

말라가의 도심으로부터 멀지 않은 '말라게따 해변'은 푸르고 푸른 지중해의 면모를 제대로 보여주는 곳이다. 길게 쭉 뻗은 커다란 야자수들과 넓게 뻗은 모래 사장 그리고 끝이 보이지 않는 푸른 바다까지, 마음속까지 시원하게 만들어 주는 광경은 산책은 물론 해수욕까지 멈출 수 없게 만든다. 더불어, 말라게따 해변에 위치한 'malagueta'를 알리는 글씨 조형물은 많은 관광객들이 인증샷을 찍는 포토존이니 놓치지 않도록 하자.

미리보기

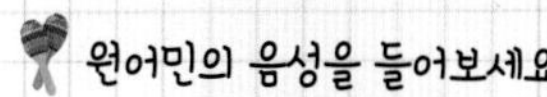

이번 랜드마크에서는 어떤 대화를 하는지 먼저 살펴볼까요?

원어민의 음성을 들어보세요.

Spain_43.mp3

1

A : ¿Es buena para nadar la playa de Malagueta?

B : Claro que sí. Excepto en invierno.

2

A : ¿La playa de Málaga es la más hermosa en España?

B : Eso dicen.

3

A : ¿De entre las playas por qué es famosa la Malagueta?

B : Porque es la playa más representativa de Málaga.

1

A : 말라게타 해변에서 수영하기에 좋나요?

B : 당연하죠. 겨울을 제외하고는요.

2

A : 스페인에서 말라가 해변이 가장 아름답나요?

B : 그렇게들 말하더라고요.

3

A : 해변들 중에서 왜 말라게따가 가장 인기 있어요?

B : 말라가의 대표적인 해변이기 때문이에요.

준비하기

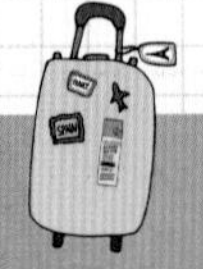

오늘의 주요 단어입니다.
학습을 시작하기 전에
단어부터 살펴보아요.

- bueno 좋은
- nadar 수영하다
- playa 해변
- excepto ~를 제외하고
- invierno 겨울
- hermoso 아름다운
- porque 왜냐하면
- representativo 대표적인
- dar un paseo 산책하다
- meditar 사색하다, 명상하다
- escuchar música 음악 듣다
- hacer amigos 친구를 사귀다

실전여행

이 정도 한마디는
랜드마크에서 꼭 해보아요.
패턴으로 완벽 암기하세요.

TIP
전치사 뒤에 쓰이는 스페인어의 동명사는 동사원형을 그대로 사용한다.

¿Es buena para + 동사원형? ~하기에 좋나요?

- ¿Es buena para dar un paseo?
  산책하기에 좋나요?
- ¿Es buena para meditar?
  사색하기에 좋나요?
- ¿Es buena para escuchar música?
  음악을 듣기에 좋나요?
- ¿Es buena para hacer amigos?
  친구를 사귀기에 좋나요?
- ¿Es buena para tomar fotos?
  사진을 찍기에 좋나요?

일지쓰기

랜드마크에서 대화한 내용을 떠올리며 빈칸을 채워보세요.

1

A : ¿____________________ nadar a la playa de Malagueta?

B : Claro que sí. ________________ en invierno.

A : 말라게타 해변에서 수영하기에 좋나요?

B : 당연하죠. 겨울을 제외하고는요.

2

A : ¿La playa de Málaga es la más ________________ en España?

B : Eso ____________.

A : 스페인에서 말라가 해변이 가장 아름답나요?

B : 그렇게들 말하더라고요.

3

A : ¿________________ las playas por qué es famosa la Malagueta?

B : Porque es la playa más ____________________ de Málaga.

A : 해변들 중에서 왜 말라게따가 가장 인기 있어요?

B : 말라가의 대표적인 해변이기 때문이에요.

정답

1 Es buena para, Excepto
2 hermosa, dicen
3 ¿De entre, representativa

44 그라나다 (Granada) - 알람브라 궁전 (La Alhambra)

오늘 배울 표현은 ~하기는 처음이에요

스페인 안달루시아 지방에 위치하고 있으며 한여름에는 35도를 오르내리는 스페인의 강렬한 태양이 내리 쬐는 그라나다의 자랑거리는 바로 알람브라 궁전이다. 에스파냐 왕국의 마지막 이슬람 왕조가 건축한 이 왕궁은 섬세하고 아름다운 조각 장식으로 가득찬 화려한 모습을 하고 있다. 잘 가꾸어진 푸른 정원과 곳곳에 위치한 청량한 분수들이 궁정의 아름다움을 더해 준다. 당일 입장권 구입이 매우 어려우니 여행 계획을 세울 때 인터넷 등으로 미리 예약 후 방문하기를 추천하다.

미리보기

이번 랜드마크에서는
어떤 대화를 하는지
먼저 살펴볼까요?

원어민의 음성을 들어보세요.

Spain_44.mp3

1

A : Es la primera vez que vengo a la Alhambra.

B : Yo también.

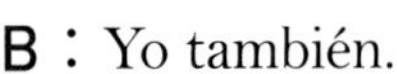

2

A : ¿Cómo es la Alhambra para ti?

B : Para mí, es muy hermosa.

3

A : ¿Querría venir aquí otra vez en el futuro?

B : Claro que sí. Con alguien que ame.

1

A : 알람브라 궁전에 온 것은 처음이에요.

B : 저도요.

2

A : 너에게 알람브라 궁전은 어때?

B : 나에게는 정말로 아름다워.

3

A : 미래에 다시 한 번 여기에 오고 싶나요?

B : 당연하죠. 사랑하는 사람과 함께 오고 싶어요.

준비하기

오늘의 주요 단어입니다.
학습을 시작하기 전에
단어부터 살펴보아요.

- primero/a 처음의
- vez 번(횟수)
- también 또한
- Cómo 어떻게(How)
- para ti 너에게(있어)
- Para mí 나에게(있어)
- otra vez 다시 한 번
- en el futuro 미래에
- quería(Querer 동사의 조건법) 원하다
- ame(Amar 동사의 접속법) 사랑하다
- viajo(viajar) 여행하다
- como ~같이, ~처럼(as, like)

실전여행

이 정도 한마디는
랜드마크에서 꼭 해보아요.
패턴으로 완벽 암기하세요.

TIP

'echar de menos'는 '보고 싶다, 그리워하다'라는 의미의 숙어 표현이다.

Es la primera vez que ~ ~하기는 처음이에요

- Es la primera vez que viajo solo.

  혼자 여행해 보기는 처음이에요.

- Es la primera vez que viajo con un extraño.

  낯선 사람과 여행하는 건 처음이에요.

- Es la primera vez que camino tanto como hoy.

  오늘처럼 많이 걷는 것은 처음이에요.

- Es la primera vez que estoy tan feliz como ahora.

  지금처럼 아주 행복하기는 처음이에요.

- Es la primera vez que le echo muchísimo de menos a alguien.

  누군가를 이렇게 많이 그리워해 보기는 처음이에요.

일지쓰기

랜드마크에서 대화한 내용을 떠올리며 빈칸을 채워보세요.

1

A : ______________________________ vengo a la Alhambra.

B : ______________________________.

A : 알람브라 궁전에 온 것은 처음이에요.

B : 저도요.

2

A : ¿Cómo es la Alhambra ____________________?

B : ____________________, es muy hermosa.

A : 너에게 알람브라 궁전은 어때?

B : 나에게는 정말로 아름다워.

3

A : ¿Querría venir aquí ______________________ en el futuro?

B : ______________________________. Con alguien que ame.

A : 미래에 다시 한 번 여기에 오고 싶나요?

B : 당연하죠. 사랑하는 사람과 함께 오고 싶어요.

정답

1 Es primera vez que, Yo también

2 para ti, Para mí

3 otra vez, Claro que sí

기억하기

다음 빈칸에 들어갈 내용을 떠올리며
앞서 다녀온 랜드마크를 다시 기억해보세요.

41

말라가 (Málaga) – **알카사바** (Alcazaba)

Me parece que ~ ~인 것 같아요

- Me parece que no es ____________________.
  사실이 아니라고 생각해요.
- Me parece que es ____________________.
  흥미롭다고 생각해요.
- Me parece que ____________________.
  가치가 있다고 생각해요.
- Me parece que es ____________________.
  좋다고 생각해요.
- Me parece que es ____________________.
  나쁘다고 생각해요.

정답

- verdad
- interesante
- vale la pena
- bueno
- malo

42

말라가 (Málaga) – **투우경기장** (Plaza de Toros)

¿Con qué frecuencia ~? 얼마나 자주 ~하나요?

- ¿Con qué frecuencia ____________________?
  얼마나 자주 운동해요?
- ¿Con qué frecuencia ____________________?
  얼마나 자주 여행해?
- ¿Con qué frecuencia ____________________?
  얼마나 자주 술을 마시니?
- ¿Con qué frecuencia ____________________?
  얼마나 자주 시에스타를 하나요?
- ¿Con qué frecuencia ____________________?
  얼마나 자주 책을 읽어?

정답

- haces ejercicio
- viajas
- bebes
- te echas la siesta
- lees

A : ¿Es recomendable ir a Frigiliana?

B : Creo que sí. Es "el Santorini" de España.

A : Entonces, será muy bonito.

B : Me parece que vale la pena.

A : 프리힐리아나에 가는 것이 추천할만 한가요?

B : 그렇다고 생각해요. 스페인의 산토리니예요.

A : 그럼, 아주 예쁘겠어요.

B : 가치가 있다고 생각해요.

A : ¿Con qué frecuencia hace ejercicio?

B : Pues, al menos dos veces por semana.

A : ¿Te gusta hacer ejercicio?

B : Sí. Me gusta. ¿Y a usted?

A : 얼마나 자주 운동하세요?

B : 글쎄요, 최소한 일주일에 두 번은 해요.

A : 운동하시는 거 좋아하세요?

B : 네. 좋아해요. 당신은요?

기억하기

다음 빈칸에 들어갈 내용을 떠올리며
앞서 다녀온 랜드마크를 다시 기억해보세요.

43

말라가 (Málaga) – **말라게따 해변** (Playa de la Malagueta)

¿Es buena para + 동사원형? ~하기에 좋나요?

- ¿Es buena para ______________________?
  산책하기에 좋나요?
- ¿Es buena para ______________?
  사색하기에 좋나요?
- ¿Es buena para ______________________?
  음악을 듣기에 좋나요?
- ¿Es buena para ____________________?
  친구를 사귀기에 좋나요?
- ¿Es buena para _________________?
  사진을 찍기에 좋나요?

정답

- dar un paseo
- meditar
- escuchar música
- hacer amigos
- tomar fotos

44

그라나다 (Granada) – **알람브라 궁전** (La Alhambra)

Es la primera vez que ~ ~하기는 처음이에요

- Es la primera vez que ____________ solo.
  혼자 여행해보기는 처음이에요.
- Es la primera vez que viajo con ______________.
  낯선 사람과 여행하는 건 처음이에요.
- Es la primera vez que camino tanto ______________.
  오늘처럼 많이 걷는 것은 처음이에요.
- Es la primera vez que estoy tan feliz ______________.
  지금처럼 아주 행복하기는 처음이에요.
- Es la primera vez que le ______________________
  ________ a alguien.
  누군가를 이렇게 많이 그리워해 보기는 처음이에요.

정답

- viajo
- un extraño
- como hoy
- como ahora
- echo muchísimo de menos

A : ¿Es buena para dar un paseo?

B : Sí. Hay un camino por la costa.

A : Me parece que es muy bueno.

B : Te lo recomiendo.

A : 산책하기에 좋은가요?

B : 네. 해안가쪽에 산책로가 있어요.

A : 아주 좋아 보이네요.

B : 추천해요.

A : Es la primera vez que viajo solo.

B : Viajar solo tiene mucho mérito.

A : De acuerdo. Pero es muy solitario.

B : No puedo negarlo.

A : 혼자 여행하는 것은 처음이에요.

B : 혼자 여행하기는 많은 장점을 가지고 있죠.

A : 동의해요. 하지만 아주 외로워요.

B : 그것을 부인할 수가 없군요.

랜드마크 스페인어 여행
스페인 남부 - 2

스페인 남부
50 유대인 지구
49 메스끼따
48 알카사르
꼬르도바
47 알바이신 지구
그라나다
세비야
말라가
46 사크로몬떼
45 산 니콜라스 전망대

그라나다 (Granada) - 산 니콜라스 전망대 (Mirador de San Nicolás)

오늘 배울 표현은 **~합시다**

스페인 남부 관광지로 빠져서는 안 되는 그라나다의 아름다운 전경을 한눈에 볼 수 있다면 어떨까? 알바이신 언덕 정상 부근에 있는 '성 니콜라스 전망대(Mirador de San Nicolas)'가 바로 그곳이다! 이곳에 오르면 알람브라 궁전뿐만 아니라 유럽 최남단에 있는 빙하 지형인 시에라 네바다(Sierra Nevada)의 경관까지 한눈에 조망할 수 있다. 아침, 점심, 저녁으로 눈에 담기는 풍경이 다르기 때문에 어느 때에 가도 후회하지 않을 전망을 감상할 수 있다.

미리보기

이번 랜드마크에서는 어떤 대화를 하는지 먼저 살펴볼까요?

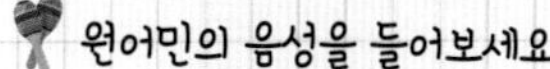

Spain_45.mp3

1

A : Vamos a subir al Mirador de San Nicolás.

B : ¡Vamos ahora mismo!

2

A : ¿Cuánto se tarda para ir al Mirador desde Plaza Nueva?

B : En autobús, más o menos 15 minutos.

3

A : ¿Hasta qué hora podemos estar en el Mirador?

B : Hasta que quieran. Pero el último autobús es a las once.

1

A : 산 니콜라스 전망대에 올라갑시다.

B : 지금 당장 갑시다!

2

A : 누에바 광장에서부터 전망대까지 얼마나 걸려요?

B : 버스로는, 대략 15분 정도 걸려요.

3

A : 전망대에 몇 시까지 있을 수 있어요?

B : 있고 싶을 때까지요. 하지만 마지막 버스가 11시에 있습니다.

준비하기

오늘의 주요 단어입니다.
학습을 시작하기 전에
단어부터 살펴보아요.

- vamos a inf. ~합시다
- subir 오르다
- ahora mismo 지금 당장
- tarda(tardar) 걸리다
- desde ~부터
- hasta ~까지
- último 마지막의
- bailar 춤추다
- tomar fotos 사진 찍다
- pasar 보내다
- amar 사랑하다
- más 더

실전여행

이 정도 한마디는
랜드마크에서 꼭 해보아요.
패턴으로 완벽 암기하세요.

Vamos a + 동사원형 ~합시다

- Vamos a comer ya.
  이제 식사합시다.
- Vamos a bailar juntos.
  다같이 춤을 춥시다.
- Vamos a tomar fotos aquí.
  여기서 사진을 찍자.
- Vamos a pasar un día estupendo.
  멋진 하루를 보내자.
- Vamos a amarnos más.
  우리 더 사랑하자.

TIP

스페인어로 청유형(~하자)을 표현할 때는 'vamos a 동사원형'으로 사용한다.

일지쓰기

랜드마크에서 대화한 내용을 떠올리며 빈칸을 채워보세요.

1

A : ______________________________ al Mirador de San Nicolás.

B : ¡Vamos ahora mismo!

A : 산 니콜라스 전망대에 올라갑시다.

B : 지금 당장 갑시다!

2

A : ¿Cuánto se tarda para ir al Mirador desde Plaza Nueva?

B : ______________________________, más o menos 15 minutos.

A : 누에바 광장에서부터 전망대까지 얼마나 걸려요?

B : 버스로는, 대략 15분 정도 걸려요.

3

A : ¿Hasta qué hora podemos estar en el Mirador?

B : ______________________________. Pero el último autobús es a las once.

A : 전망대에 몇 시까지 있을 수 있어요?

B : 원하는대로요. 하지만 마지막 버스가 11시에 있습니다.

정답

1 Vamos a subir

2 En autobús

3 Hasta que quieran.

46 그라나다 (Granada) - 사크로몬떼 (Sacromonte)

오늘 배울 표현은 **어떻게 생각하세요?**

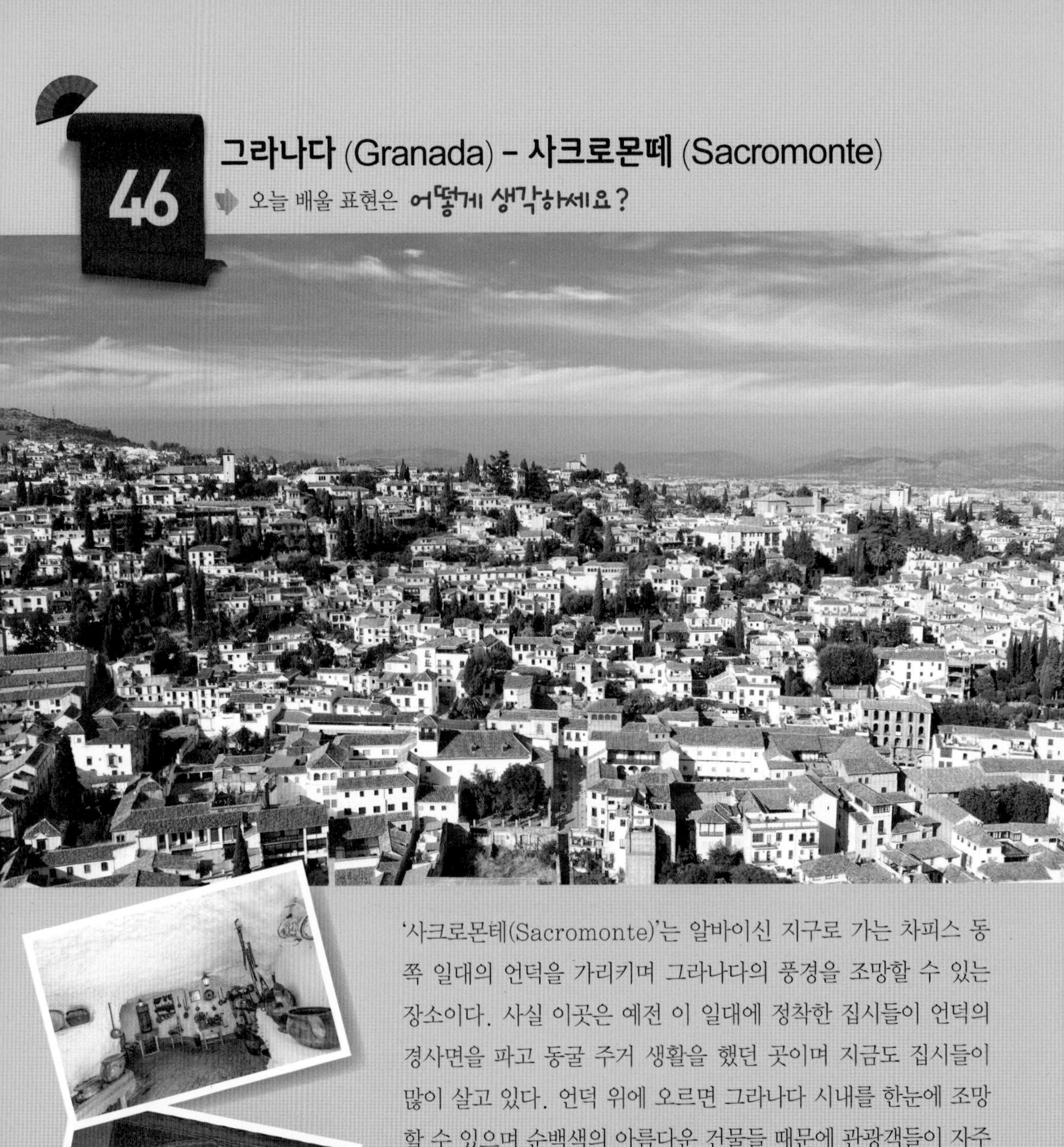

'사크로몬테(Sacromonte)'는 알바이신 지구로 가는 차피스 동쪽 일대의 언덕을 가리키며 그라나다의 풍경을 조망할 수 있는 장소이다. 사실 이곳은 예전 이 일대에 정착한 집시들이 언덕의 경사면을 파고 동굴 주거 생활을 했던 곳이며 지금도 집시들이 많이 살고 있다. 언덕 위에 오르면 그라나다 시내를 한눈에 조망할 수 있으며 순백색의 아름다운 건물들 때문에 관광객들이 자주 찾는 장소이다. 단, 외진 느낌이 있는 곳이기 때문에 홀로 가지 않아야 하며 너무 늦은 시간은 피하는 것이 좋다.

미리보기

이번 랜드마크에서는 어떤 대화를 하는지 먼저 살펴볼까요?

원어민의 음성을 들어보세요.

Spain_46.mp3

1

A : ¿Qué opina de Granada?

B : Me gusta mucho.

2

A : ¿Vale la pena ir al Sacromonte?

B : Creo que sí.

3

A : ¿Ir al Sacromonte de noche es peligroso?

B : Sí. No lo recomiendo.

1

A : 그라나다에 대해 어떻게 생각하세요?

B : 아주 맘에 들어요.

2

A : 사크로몬테에 갈 가치가 있나요?

B : 그렇다고 생각해요.

3

A : 밤에 사크로몬테에 가는 것은 위험한가요?

B : 네. 그건 추천해드리지 않아요.

준비하기

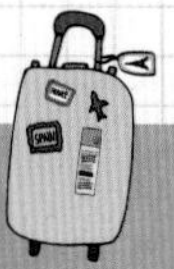

오늘의 주요 단어입니다.
학습을 시작하기 전에
단어부터 살펴보아요.

- **Qué** 무엇(what)
- **opina(opinar)** 의견이다
- **gusta(gustar)** 좋아하다
- **Vale la pena+inf.** ~할 가치가 있다
- **creo(creer)** 생각하다, 믿다
- **noche** 밤
- **recomiendo(recomendar)** 추천하다
- **peligroso** 위험한
- **mí(Yo의 전치격)** 나
- **lo** 그것 (언급된 단어 혹은 문장 전체)
- **España** 스페인
- **español** 스페인 사람, 스페인의
- **viajar** 여행하다
- **juntos** 함께

실전여행

이 정도 한마디는
랜드마크에서 꼭 해보아요.
패턴으로 완벽 암기하세요.

¿Qué opina? 어떻게 생각하세요?

- ¿Qué opina?
  어떻게 생각하세요?(당신의 의견은 어때요?)
- ¿Qué opina de España?
  스페인에 대해 어떻게 생각하세요?
- ¿Qué opina de los españoles?
  스페인 사람들에 대해 어떻게 생각하세요?
- ¿Qué opina de mí?
  나에 대해 어떻게 생각해?
- ¿Qué opina de viajar juntos?
  함께 여행하는 거에 대해 어떻게 생각해?

TIP

opinar 동사의 2인칭 단수형(Tú) opinas나 piensas/crees로 물으면 존칭의 의미가 사라지고 편한 말투가 된다.

일지쓰기

랜드마크에서 대화한 내용을
떠올리며 빈칸을 채워보세요.

1

A : ¿______________________ de Granada?

B : Me gusta mucho.

A : 그라나다에 대해 어떻게 생각하세요?

B : 아주 맘에 들어요.

2

A : ¿______________________ ir al Sacromonte?

B : Creo que sí.

A : 사크로몬테에 갈 가치가 있나요?

B : 그렇다고 생각해요.

3

A : ¿Ir al Sacromonte de noche es ______________________?

B : Sí. No lo recomiendo.

A : 밤에 사크로몬테에 가는 것은 위험한가요?

B : 네. 그건 추천해드리지 않아요.

정답

1 Cómo piensa

2 Vale la pena

3 peligroso

47 그라나다 (Granada) - 알바이신 지구 (Albaicín)

오늘 배울 표현은 **무엇을 준비해야 하나요?**

세계문화유산으로 지정된 알바이신 지구는 그라나다에서 가장 오래된 지구이며 이슬람교도들이 처음 요새를 쌓은 성채 도시를 말한다. 때문에 그라나다에서 무어인의 자취를 가장 잘 느낄 수 있는 장소이다. 이곳은 알람브라 궁전에서도 내려다 보이는데, 옹기종기 모여 있는 하얀 집들의 모습은 신비로움이 느껴질 정도로 아름다우며 언덕 위에서부터 여러 갈래의 좁은 돌길들이 가파른 언덕 아래로 뻗어 있으며 각종 식당, 카페, 상점 등이 위치해 있다.

미리보기

이번 랜드마크에서는 어떤 대화를 하는지 먼저 살펴볼까요?

원어민의 음성을 들어보세요.

Spain_47.mp3

1

A : ¿Qué es el Albaicín?

B : Era la residencia de los judíos.

2

A : ¿Cómo es el Albaicín?

B : Es una zona llena de casas blancas.

3

A : ¿Qué debo preparar para ir ahí?

B : Pues... necesita zapatos cómodos.

1

A : 알바이신이 뭐예요?

B : 유대인들의 거주지예요.

2

A : 알바이신은 어때요?

B : 흰색 집들로 채워진 구역이에요.

3

A : 그곳에 가기 위해 무엇을 준비해야 하나요?

B : 음...편한 신발이 필요해요.

준비하기

오늘의 주요 단어입니다.
학습을 시작하기 전에
단어부터 살펴보아요.

- lugar de residencia 거주지
- judío 유대인
- zona 구역
- lleno de ~로 채워진
- casa 집
- blanco 흰
- creo(creer) 생각하다
- sitio 장소
- verdad 사실
- válido 유효한
- divertido 즐거운
- aburrido 지루한

실전여행

이 정도 한마디는
랜드마크에서 꼭 해보아요.
패턴으로 완벽 암기하세요.

¿Qué debo preparar?

무엇을 준비해야 하나요?

- ¿Qué debo preparar para esto?
  이것을 위해 무엇을 준비해야 하나요?
- ¿Qué debo preparar para eso?
  그것을 위해 무엇을 준비해야 하나요?
- ¿Qué debo preparar para participar?
  참여하기 위해 무엇을 준비해야 하나요?
- ¿Qué debo preparar para mí?
  저를 위해 무엇을 준비해야 하나요?
- ¿Qué debo preparar para Usted.?
  당신을 위해 무엇을 준비해야 하나요?

TIP

Deber 동사는 규칙 변화를 하며, '~해야 한다'라는 의미의 조동사입니다. 따라서, 동사원형을 받아주는 역할을 합니다.

일지쓰기

랜드마크에서 대화한 내용을 떠올리며 빈칸을 채워보세요.

1

A : ¿Qué es el Albaicín?

B : Era la ______________________________ ______ de los judíos.

A : 알바이신이 뭐예요?

B : 유대인들의 거주지예요.

2

A : ¿Cómo es el Albaicín?

B : Es una zona ____________________ casas blancas.

A : 알바이신은 어때요?

B : 흰색 집들로 채워진 구역이에요.

3

A : ¿Qué ______________________________ _____ para ir ahí?

B : Pues... necesita zapatos cómodos.

A : 그곳에 가기 위해 무엇을 준비해야 하나요?

B : 음...편한 신발이 필요해요.

정답

1 residencia

2 llena de

3 debo preparar

48 꼬르도바 (Córdoba) – 알카사르 (Alcázar)

오늘 배울 표현은 **~보다 더 …합니다**

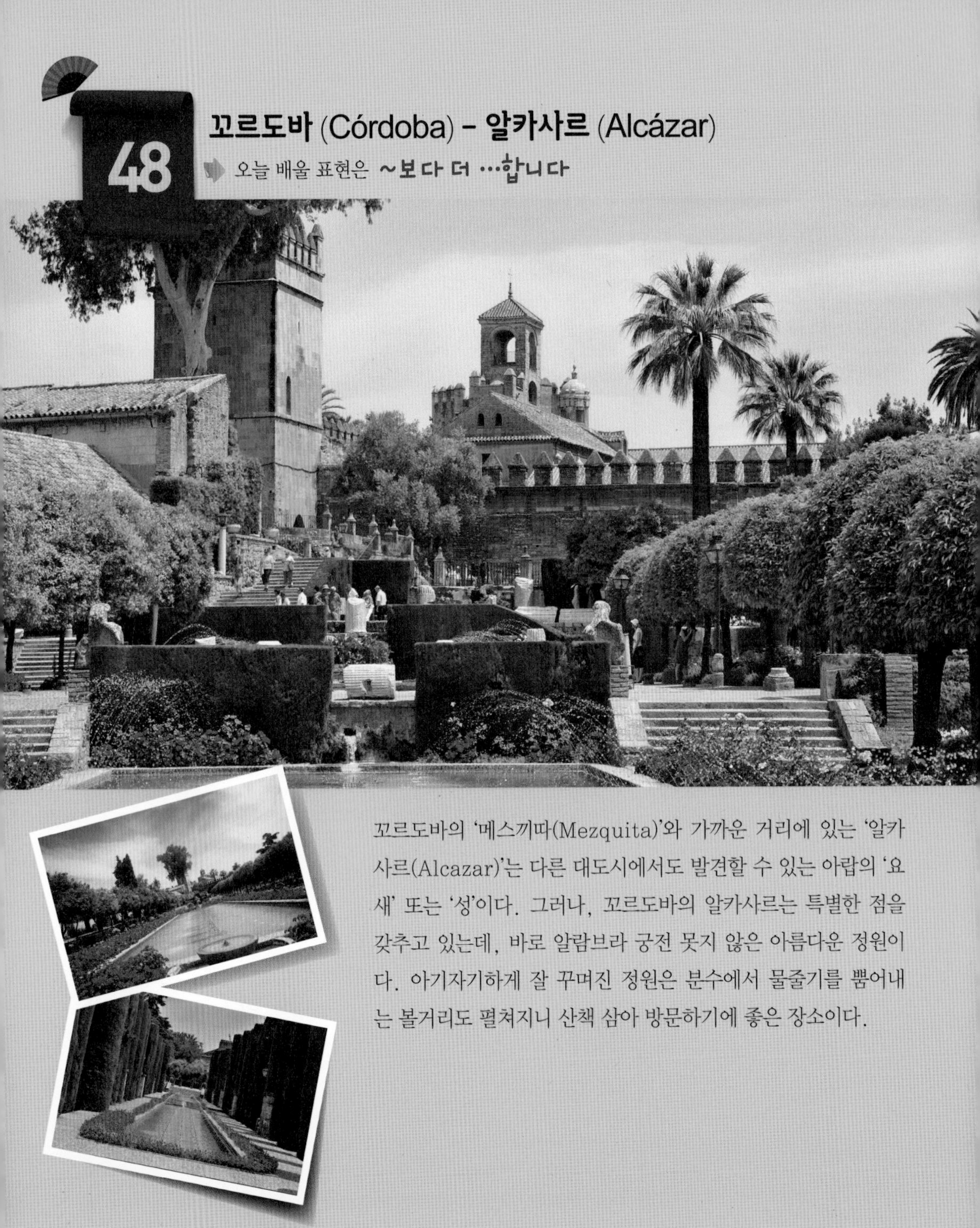

꼬르도바의 '메스끼따(Mezquita)'와 가까운 거리에 있는 '알카사르(Alcazar)'는 다른 대도시에서도 발견할 수 있는 아랍의 '요새' 또는 '성'이다. 그러나, 꼬르도바의 알카사르는 특별한 점을 갖추고 있는데, 바로 알람브라 궁전 못지 않은 아름다운 정원이다. 아기자기하게 잘 꾸며진 정원은 분수에서 물줄기를 뿜어내는 볼거리도 펼쳐지니 산책 삼아 방문하기에 좋은 장소이다.

미리보기

이번 랜드마크에서는
어떤 대화를 하는지
먼저 살펴볼까요?

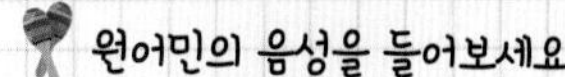

Spain_48.mp3

1

A : ¿Qué significa 'El Alcázar'?

B : Significa ´fortress´ en inglés.

2

A : ¿El Alcázar de Córdoba es diferente de otros alcazáres?

B : Es más bello que los demás.

3

A : ¿Sabías que El Alcázar de Córdoba tiene un jardín?

B : No lo sabía. Será muy bonito.

1

A : '알카사르'가 무엇을 의미하나요?

B : 영어로 '포트리스(요새)'를 의미해요.

2

A : 코르도바의 알카사르는 다른 알카사르와 다른가요?

B : 나머지들보다 더 아름다워요.

3

A : 코르도바의 알카사르가 정원을 가지고 있는 거 아세요?

B : 몰랐어요. 아주 예쁘겠네요.

준비하기

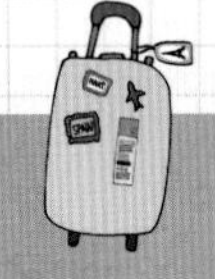

오늘의 주요 단어입니다.
학습을 시작하기 전에
단어부터 살펴보아요.

- significa(significar) 의미하다
- diferente de ~와 다른
- más 형용사 que 명사 (명사)보다 더 (형용사)한
- sabes(saber) 알다
- jardín 정원
- será(ser 동사의 미래형) ~일 것이다
- grande 큰
- alto 높은, 키가 큰
- guapo/a 예쁜
- divertido 재밌는
- difícil 어려운
- antes 이전

실전여행

이 정도 한마디는
랜드마크에서 꼭 해보아요.
패턴으로 완벽 암기하세요.

más 형용사 + que 명사 ~보다 더 …합니다

- Esto es más grande que eso.
  이것이 저것보다 더 크네요.
- Eres más alto que yo.
  당신이 저보다 키가 크시네요.
- Eres más guapa que yo.
  당신이 저보다 더 예쁘세요.
- Es más divertido que ayer.
  어제보다 더 재밌어요.
- Es más difícil que antes.
  이전보다 더 어렵네요.

TIP

우등 비교급 구문인 'más 형용사 + que 명사' 표현에서 más'를 menos로 바꾸면 '~보다 덜 ~하다'라는 열등 비교급 구문이 된다.

일지쓰기

랜드마크에서 대화한 내용을 떠올리며 빈칸을 채워보세요.

1

A : ¿Qué ______________________ 'El Alcázar'?

B : ____________________ ´fortress´ en inglés.

A : '알카사르'가 무엇을 의미하나요?

B : 영어로 '포트리스(요새)'를 의미해요.

2

A : ¿El Alcázar de Córdoba es ______________________ otros alcazáres?

B : Es ________________________________ los demás.

A : 코르도바의 알카사르는 다른 알카사르와 다른가요?

B : 나머지들보다 더 아름다워요.

3

A : ¿Sabías que El Alcázar de Córdoba tiene un __________________?

B : No lo sabía. __________________ muy bonito.

A : 코르도바의 알카사르가 정원을 가지고 있는 거 아세요?

B : 몰랐어요. 아주 예쁘겠네요.

정답

1 significa, Significa

2 diferente de, bello que

3 jardín, Será

기억하기

다음 빈칸에 들어갈 내용을 떠올리며
앞서 다녀온 랜드마크를 다시 기억해보세요.

45 그라나다 (Granada) – 산 니콜라스 전망대 (Mirador de San Nicolás)

Vamos a + 동사원형 ~합시다

- Vamos a ____________ ya.
  이제 식사합시다.
- Vamos a ____________ juntos.
  다같이 춤을 춥시다.
- Vamos a ____________ aquí.
  여기서 사진을 찍자.
- Vamos a ____________ un día estupendo.
  멋진 하루를 보내자.
- ____________ amarnos más.
  우리 더 사랑하자.

정답

- comer
- bailar
- tomar fotos
- pasar
- Vamos a

46 그라나다 (Granada) – 사크로몬떼 (Sacromonte)

¿Qué opina? 어떻게 생각하세요?

- ¿Qué ____________?
  어떻게 생각하세요?(당신의 의견은 어때요?)
- ¿____________ opina de España?
  스페인에 대해 어떻게 생각하세요?
- ¿Qué opina de ____________?
  스페인 사람들에 대해 어떻게 생각하세요?
- ¿Qué opina de ____________?
  나에 대해 어떻게 생각해?
- ¿Qué opina de ____________ juntos?
  함께 여행하는 거에 대해 어떻게 생각해?

정답

- opina
- Qué
- los españoles
- mí
- viajar

A : Vamos a bailar juntos.

B : Ay, no sé bailar.

A : No importa. ¡Bailemos juntos!

B : Vale. ¡Vamos!

A : 우리 다 함께 춤춰요.

B : 아이, 저는 춤을 출 줄 몰라요.

A : 상관없어요. 함께 춤춰요!

B : 알겠어요. 갑시다!

A : ¿Qué opina de los españoles?

B : Creo que son apasionados.

A : Me parece que son similares a los coreanos.

B : ¿De verdad?

A : 스페인 사람들에 대해 어떻게 생각하세요?

B : 열정적이라고 생각해요.

A : 한국인들과 비슷한 거 같아요.

B : 정말요?

기억하기

다음 빈칸에 들어갈 내용을 떠올리며
앞서 다녀온 랜드마크를 다시 기억해보세요.

47 그라나다 (Granada) – 알바이신 지구 (Albaicín)

¿Qué debo preparar? 무엇을 준비해야 하나요?

- ¿Qué debo preparar para ____________________.
  이것을 위해 무엇을 준비해야 하나요?
- ¿Qué debo preparar para ____________________.
  그것을 위해 무엇을 준비해야 하나요?
- ¿Qué debo preparar para ____________________.
  참여하기 위해 무엇을 준비해야 하나요?
- ¿ ____________________ debo preparar para mí?
  저를 위해 무엇을 준비해야 하나요?
- ¿Qué ____________________ preparar para Usted.?
  당신을 위해 무엇을 준비해야 하나요?

정답

- esto
- eso
- participar
- Qué
- debo

48 꼬르도바 (Córdoba) – 알카사르 (Alcázar)

más 형용사 + que 명사 ~보다 더 …합니다

- Esto es más ____________________ que eso.
  이것이 저것보다 더 크네요.
- Eres más ____________________ que yo.
  당신이 저보다 키가 크시네요.
- Eres más ____________________ que yo.
  당신이 저보다 더 예쁘세요.
- Es más ____________________ que ayer.
  어제보다 더 재밌어요.
- Es más ____________________ que antes.
  이전보다 더 어렵네요.

정답

- grande
- alto
- guapa
- divertido
- difícil

A : Quiero hacer el Camino de Santiago.

B : Vale la pena recorrerlo.

A : ¿Qué debo preparar para mí?

B : Valor y amor a sí mismo.

A : 산티아고 순례길에 가고 싶어요.

B : 걸을 가치가 있어요.

A : 저를 위해 무엇을 준비해야 할까요?

B : 자기 자신에 대한 용기와 사랑이요.

A : Hoy es más divertido que ayer.

B : ¿De verdad?

A : De verdad.

B : Me alegro de oírlo.

A : 오늘이 어제보다 더 재밌었어요.

B : 정말요?

A : 사실이에요.

B : 그 말을 들어서 기뻐요.

49 꼬르도바 (Córdoba) - 메스끼따 (Mezquita)

오늘 배울 표현은 **~는 금지되어 있습니다**

스페인 안달루시아 지방에 위치한 '꼬르도바'는 8세기에 이곳을 점령한 무어인들에 의해서 전성기를 누리게 된 도시이다. 때문에 도시 곳곳에 이슬람의 색채가 짙게 남아 있는데, '꼬르도바 역사 지구'라는 이름으로 세계문화유산에 지정될 정도로 당시의 아름다움을 고스란히 간직하고 있다. '메스끼따'는 스페인어로 '이슬람 사원(모스크)'을 뜻하는데 일반적으로 거의 꼬르도바의 메스끼따를 가리키게 되었다. 이곳은 건물 자체의 섬세함과 아름다움에 더해 이슬람 모스크 안에 카톨릭 성당이 지어진 특이한 형태로 유명하며 카톨릭과 이슬람의 색채가 신비하게 공존하고 있다.

미리보기

이번 랜드마크에서는 어떤 대화를 하는지 먼저 살펴볼까요?

원어민의 음성을 들어보세요.

Spain_49.mp3

1

A : ¿La Mezquita es diferente de otras catedrales?

B : Es muy diferente. Es una fusión del catolicismo y del islamismo.

2

A : Creo que la Mezquita es una maravilla.

B : Estoy de acuerdo. Es un milagro.

3

A : Aquí está prohibido grabar vídeos.

B : Vale. No voy a grabar.

1

A : 메스끼따는 다른 성당들과 다른가요?

B : 아주 달라요. 카톨릭과 이슬람의 융합이에요.

2

A : 메스끼따는 경이로움이라 생각해요.

B : 동의해요. 기적이에요.

3

A : 여기서 동영상 촬영은 금지되어 있어요.

B : 알겠습니다. 촬영하지 않을게요.

준비하기

오늘의 주요 단어입니다. 학습을 시작하기 전에 단어부터 살펴보아요.

- diferente 다른
- otro 또다른
- fusión 융합
- catolicismo 카톨릭
- islamismo 이슬람
- maravilla 경이
- Estoy de acuerdo. 동의합니다
- milagro 기적
- prohibido 금지된
- grabar vídeos 촬영하다
- en voz alta 큰 목소리로
- llevar 가지고 가다

실전여행

이 정도 한마디는 랜드마크에서 꼭 해보아요. 패턴으로 완벽 암기하세요.

Está prohibido + 동사원형

~는 금지되어 있습니다

- Está prohibido tomar fotos.
  사진 찍는 것은 금지되어 있습니다.
- Está prohibido entrar.
  여기 들어가는 것은 금지되어 있습니다.
- Está prohibido hablar en voz alta.
  큰 소리로 말하는 것은 금지되어 있습니다.
- Está prohibido llevar comida.
  음식물을 반입하는 것은 금지되어 있습니다.
- Está prohibido tocar las obras.
  작품을 만지는 것은 금지되어 있습니다.

TIP

'Está prohibido ~' 표현 뒤에는 동사원형이 위치한다.

일지쓰기

랜드마크에서 대화한 내용을 떠올리며 빈칸을 채워보세요.

1

A : ¿La Mezquita es diferente de _______________ catedrales?

B : Es muy __________________. Es una fusión del catolicismo y del islamismo.

A : 메스끼따는 다른 성당들과 다른가요?

B : 아주 달라요. 카톨릭과 이슬람의 융합이에요.

2

A : Creo que la Mezquita es una ______________________.

B : Estoy de acuerdo. Es un ________________.

A : 메스끼따는 경이로움이라 생각해요.

B : 동의해요. 기적이에요.

3

A : Aquí _____________________________ grabar vídeos.

B : Vale. No voy a grabar.

A : 여기서 동영상 촬영은 금지되어 있어요.

B : 알겠습니다. 촬영하지 않을게요.

정답

1 otras, diferente

2 maravilla, milagro

3 está prohibido

50

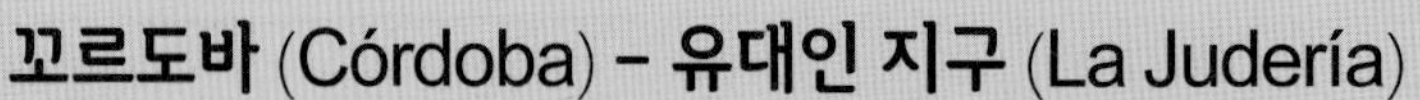

꼬르도바 (Córdoba) - 유대인 지구 (La Judería)

오늘 배울 표현은 ~할 가치가 있나요?

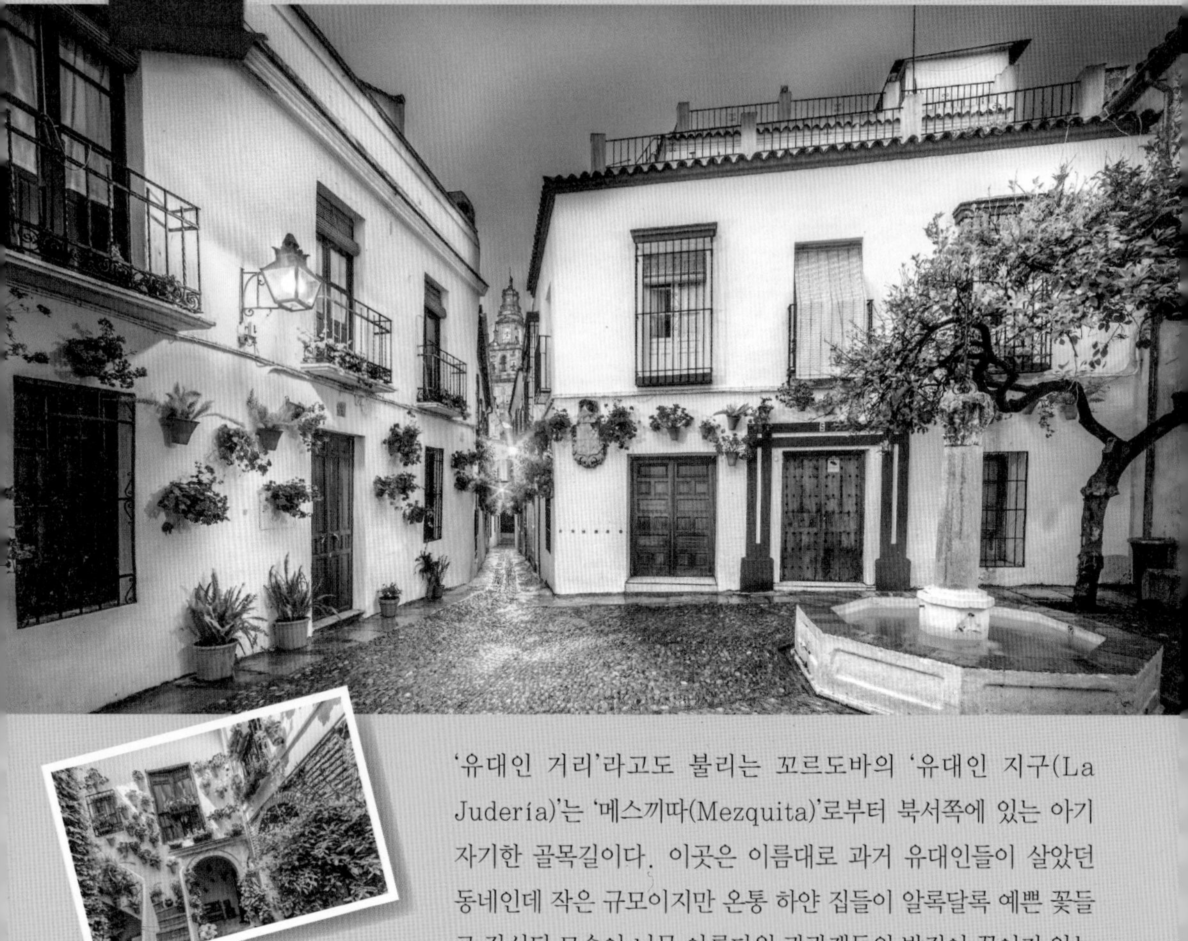

'유대인 거리'라고도 불리는 꼬르도바의 '유대인 지구(La Judería)'는 '메스끼따(Mezquita)'로부터 북서쪽에 있는 아기자기한 골목길이다. 이곳은 이름대로 과거 유대인들이 살았던 동네인데 작은 규모이지만 온통 하얀 집들이 알록달록 예쁜 꽃들로 장식된 모습이 너무 아름다워 관광객들의 발길이 끊이지 않는다. 미로같은 골목마다 훌륭한 포토존이 되어주기 때문에 꼬르도바에 가서 이곳을 방문하지 않는다면 무척 아쉬울 것이다.

미리보기

이번 랜드마크에서는 어떤 대화를 하는지 먼저 살펴볼까요?

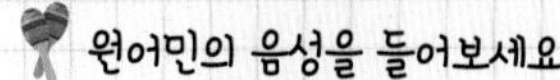

Spain_50.mp3

1

A : ¿Ha venido a Córdoba antes?

B : No. Es mi primera vez.

2

A : ¿Qué es ´La Judería´?

B : Es una zona donde vivían los judios.

3

A : ¿Merece la pena ir a ´La Judería´?

B : Mucho. Es muy bonita.

1

A : 전에 꼬르도바에 와봤나요?

B : 아니요. 처음이에요.

2

A : '유대인 지구'가 뭐예요?

B : 유대인들이 살았었던 구역이에요.

3

A : '유대인 지구'에 갈만한 가치가 있나요?

B : 많이요. 아주 예뻐요.

준비하기

오늘의 주요 단어입니다. 학습을 시작하기 전에 단어부터 살펴보아요.

- tiene(tener) 가지다
- experiencia 경험
- donde ~한 곳(부사 where)
- vivía (vivir의 반과거)살다
- judio 유대인
- todavía 아직
- todo 모든이
- viajar 여행하다
- cocinar 요리하다
- comida 요리
- probar 시도하다
- hablar 말하다

실전여행

이 정도 한마디는 랜드마크에서 꼭 해보아요. 패턴으로 완벽 암기하세요.

¿Merece la pena~? ~할 가치가 있나요?

- ¿Merece la pena viajar a Europa?
  유럽 여행을 할 가치가 있나요?
- ¿Merece la pena comer comida española?
  스페인 음식을 먹어 볼 가치가 있나요?
- ¿Merece la pena ir a España?
  스페인에 갈 가치가 있나요?
- ¿Merece la pena viajar solo?
  혼자 여행할 가치가 있나요?
- ¿Merece la pena aprender español?
  스페인어를 배울 만한 가치가 있나요?

TIP

'Merece la pena~' 표현은 동사 원형과 함께 사용합니다. 더불어 질문이 아닌 평서문으로 '~할 가치가 있다'라는 표현을 할 수 있습니다.

일지쓰기

랜드마크에서 대화한 내용을
떠올리며 빈칸을 채워보세요.

1

A : ¿_________________ a Córdoba antes?

B : No. Es mi primera vez.

A : 전에 꼬르도바에 와봤나요?

B : 아니요. 처음이에요.

2

A : ¿Qué es ´La Judería´?

B : Es una zona _______________ vivían los judios.

A : '유대인 지구'가 뭐예요?

B : 유대인들이 살았었던 구역이에요.

3

A : ¿ _________________________ ir a ´La Judería´?

B : Mucho. Es muy bonita.

A : '유대인 지구'에 갈만한 가치가 있나요?

B : 많이요. 아주 예뻐요.

정답

1 Ha venido
2 donde
3 Merece la pena

기억하기

다음 빈칸에 들어갈 내용을 떠올리며
앞서 다녀온 랜드마크를 다시 기억해보세요.

49

꼬르도바 (Córdoba) – **메스끼따** (Mezquita)

Está prohibido + 동사원형 ~는 금지되어 있습니다

- Está prohibido ________________________________.
  사진 찍는 것은 금지되어 있습니다.
- Está prohibido ____________________________.
  여기 들어가는 것은 금지되어 있습니다.
- Está prohibido ________________________________.
  큰 소리로 말하는 것은 금지되어 있습니다.
- Está prohibido ____________________________.
  음식물을 반입하는 것은 금지되어 있습니다.
- Está prohibido ______________________________.
  작품을 만지는 것은 금지되어 있습니다.

정답

- tomar fotos
- entrar
- hablar en voz alta
- llevar comida
- tocar las obras

50

꼬르도바 (Córdoba) – **유대인 지구** (La Judería)

¿Merece la pena ~? ~할 가치가 있나요?

- ¿Merece la pena ____________________ a Europa?
  유럽 여행을 할 가치가 있나요?
- ¿Merece la pena ____________________ comida española?
  스페인 음식을 먹어 볼 가치가 있나요?
- ¿ __________________ la pena ir a España?
  스페인에 갈 가치가 있나요?
- ¿Merece la pena viajar _______________?
  혼자 여행할 가치가 있어요?
- ¿Merece la pena ______________________________?
  스페인어를 배울 만한 가치가 있나요?

정답

- viajar
- comer
- Merece
- solo
- aprender
- español

A : Señora. Disculpe. Está prohibido llevar comida.

B : ¿De verdad? No lo sabía.

A : Pero solo agua está bien.

B : Ah, gracias por avisarme.

A : 아주머니, 실례합니다. 음식물 반입은 금지되어 있습니다.

B : 정말요? 몰랐어요.

A : 하지만 물만 괜찮아요.

B : 아, 알려주셔서 감사합니다.

A : ¿Ha ido a España?

B : Sí. Me gusta mucho España.

A : ¿Merece la pena viajar a España?

B : ¡Claro que sí! Debe ir a España.

A : 유럽을 여행한 경험이 있나요?

B : 네. 스페인을 아주 좋아해요.

A : 스페인을 여행할 가치가 있나요?

B : 당연하지요! 스페인에 가셔야 해요.

50패턴으로 여행하는 랜드마크 스페인어회화